O originário e o recalque primário

Blucher

O originário e o recalque primário

Considerações sobre a formação do sujeito psíquico e as novas patologias

Ana Maria Sigal

O originário e o recalque primário: considerações sobre a formação do sujeito psíquico e as novas patologias

Série Psicanálise Contemporânea
Coordenador da série Flávio Ferraz
Publisher Edgard Blücher
Editor Eduardo Blücher
Coordenador editorial Rafael Fulanetti
Coordenadora de produção Ana Cristina Garcia
Produção editorial Luana Negraes e Andressa Lira
Preparação de texto Maurício Katayama
Diagramação Negrito Produção Editorial
Revisão de texto Beatriz J. F. Acencio
Capa Leandro Cunha
Imagem da capa iStockphoto

Blucher

Rua Pedroso Alvarenga, 1245, 4º andar
04531-934 – São Paulo – SP – Brasil
Tel.: 55 11 3078-5366
contato@blucher.com.br
www.blucher.com.br

Segundo o Novo Acordo Ortográfico, conforme 6. ed. do *Vocabulário Ortográfico da Língua Portuguesa*, Academia Brasileira de Letras, julho de 2021.

Dados Internacionais de Catalogação na Publicação (CIP)
Heytor Diniz Teixeira, CRB-8/10570

Sigal, Ana Maria
O originário e o recalque primário : considerações sobre a formação do sujeito psíquico e as novas patologias / Ana Maria Sigal. – São Paulo : Blucher, 2025.
176 p. (Série Psicanálise Contemporânea / coord. Flávio Ferraz)

Bibliografia
ISBN 978-85-212-2533-1 (impresso)
ISBN 978-85-212-2532-4 (eletrônico – Epub)
ISBN 978-85-212-2531-7 (eletrônico – PDF)

1. Psicanálise. 2. Inconsciente (Psicologia). 3. Recalque (Psicologia). 4. Recalque originário. 5. Epistemologia da psicanálise. 6. Fundamentos da psicanálise. 7. Id (Psicologia). 8. Constituição do sujeito. 9. Clínica psicanalítica. 10. Ciência na psicanálise. 11. Metapsicologia. I. Ferraz, Flávio. II. Título. III. Série.

CDU 159.964.2

Índice para catálogo sistemático:
1. Psicanálise CDU 159.964.2

Dedico este livro a Hugo, Barbara, Juan Pablo e Bianca,
com infinita gratidão, por terem sido alimento e
companhia incomparáveis durante minha vida.

Conteúdo

Prefácio
O necessário trabalho de Ana Maria Sigal

Flávio Ferraz

O livro que o leitor tem em mãos é um trabalho necessário, porque parte de determinada visão epistemológica, rigorosa e exigente, que permitiu à psicanálise uma clareza em relação a sua fundamentação como disciplina, num movimento histórico de superação de especulações que ainda careciam de consistência científica. Claro, digo "científica" considerando a especificidade da disciplina psicanalítica, situada num terreno que não se confunde com as ciências duras ou da natureza. Ana Maria Sigal escolheu trabalhar dentro de um paradigma que chamo aqui de "necessário", embora seja também espinhoso, na medida em que confrontou resistências escolásticas no meio psicanalítico.

Sigal se faz acompanhar de autores que se dedicaram à tarefa de esclarecer, até as últimas consequências, os fundamentos da psicanálise, contribuindo para que pudéssemos superar postulações epistemológicas frágeis e provisórias, conquanto tenham perpassado toda a história de nossa disciplina tão peculiar. A autora não deixa dúvidas quanto a seu alinhamento a determinado pensamento rigoroso, cuja marca é *a tomada dos fundamentos da psicanálise como solidários aos próprios fundamentos do sujeito psíquico*. Foi por meio desse posicionamento conceitual que a psicanálise conseguiu abrir mão de apoios provisórios que Freud se viu obrigado a buscar a fim de fundamentar epistemologicamente sua ciência. Esses fundamentos foram buscados ora na física, ora na química, ora na biologia, e assim por diante. Mesmo os grandes autores pós-freudianos acabaram por tropeçar quando diante da exigência de responder às indagações sobre os fundamentos do sujeito psíquico, isto é, pulsional.

Como disse, esse posicionamento também foi, muitas vezes, espinhoso, pois não recuou diante do enfrentamento de toda sorte de resistências, que ora convocavam a biologia, ora desmaterializavam por completo o inconsciente freudiano, ora não faziam a devida separação entre os níveis da pulsão e da conservação. Mas a autora não cedeu a essa espécie de clamor de escolas e, assim, assumiu a incômoda posição de desafiar ideias arraigadas não só no discurso freudiano, mas também no lacaniano.

De modo sucinto, apenas a título de esclarecimento do que digo, lembro que, em Freud, as marcas originárias do sujeito, em sua história edípica, são descritas em termos de relações dentro da família tradicionalmente constituída por pai, mãe e filhos, como não poderia deixar de ser. Impõe-se, assim, certa materialidade datada e marcada por referentes culturais espaçotemporais. A castração fálica e a inveja do pênis marcam nitidamente o lugar dos sexos e a especificidade da castração. Lacan procurou desfazer, em parte, a marca dessa materialidade quanto aos referentes, ao valorizar a ideia de *falo* (à diferença do pênis) e ao propor o conceito de *Nome-do-Pai*, permitindo que ele não se confundisse com o pai propriamente dito. Entretanto, ocorre que, *nolens volens*, o falo é uma figura indissociável do pênis, e o Nome-do-Pai guarda abertamente o nome do pai. A lógica fálica e binária não só não foi superada como se reafirmou ainda mais, o que teve consequências irrefutáveis sobre o desenvolvimento teórico subsequente. Uma delas, para ficar apenas num exemplo contundente, foi o entendimento de expressivos teóricos lacanianos de que a transexualidade não seria nada mais que uma forma de psicose (Safouan, 1979).

A saída para os impasses da saturação da teoria pelos referentes socioculturais contingentes se deu por meio da ideia de que a única condição universal do sujeito é o desamparo total de um bebê que, para sobreviver, precisa ser cuidado por um adulto. Esse é o ponto irredutível, a chamada *situação antropológica fundamental*. Ora, essa simples constatação lança luz sobre as vicissitudes da constituição do sujeito, que se torna um sujeito pulsional na medida em que sua sexualidade é implantada por um adulto sexuado e desejante, portador de um inconsciente, do qual emanam significantes enigmáticos oferecidos ao bebê. Tais significantes são duplamente enigmáticos: para o bebê e para o adulto que os emite, por se originarem do inconsciente. Ao bebê, caberá a tarefa de traduzi-los.

Devemos a Laplanche essa descrição da situação originária. E, não por acaso, foi no encontro com esse autor que Sigal desenvolveu sua aguda visão sobre o recalque originário e sua ligação com a constituição do sujeito, tanto em sua objetalidade quanto nas formações sintomáticas que virá a desenvolver. Essa chave metapsicológica se faz presente na forma como a autora concebe toda a sexuação e também a psicopatologia. Por meio dos trabalhos presentes neste livro, vemos como se fazem as elaborações conceituais fertilizadas por essa maneira arejada de compreender o originário – por exemplo, na forma inédita e criativa de estabelecer suas ligações com os ataques de pânico, que muito exigiram da metapsicologia para sua compreensão. É perceptível nos argumentos deste livro não só a influência de Laplanche como o diálogo, direto ou indireto, com suas ideias. Diálogo esse que não se limitou aos textos, uma vez que a autora privou pessoalmente do convívio intelectual com esse grande autor da literatura psicanalítica.

Assim, o *originário* é o tema deste precioso livro, que tem a qualidade de ser uma mostra coerente e consistente do pensamento da autora, desenvolvido ao longo de anos. A partir da conceituação do originário, aqui muito bem levada a cabo, vários caminhos são abertos, e vemos a autora discorrer, com o emprego desse operador conceitual, sobre problemas que sempre desafiaram a psicanálise sob o ponto de vista epistemológico. Mas sua contribuição não se restringe a essa demonstração teórica; ela se estende sobretudo a considerações sobre a clínica. Nesse quesito, cabe lembrar que Sigal partiu da psicanálise da criança, que lhe apresentou como desafio intelectual exatamente o aprofundamento a respeito da constituição do sujeito, uma vez que, para uma analista com esse grau de inquietação e refinamento, as teorias disponíveis ainda não eram suficientes para satisfazer totalmente o rigor conceitual que exigia. Sigal aprendeu com a clínica da criança e a ela retribuiu com seu pensamento e sua dedicação à transmissão. Seu trabalho sobre o lugar dos pais na psicanálise da criança (Sigal de Rosenberg, 1994) é um exemplo feliz do que ela nos ensinou, sempre questionando aquilo que parece placidamente estabelecido.

Hoje, para além da clínica da criança, essa exigência de rigor se aplica à necessidade de estabelecer uma metapsicologia que, livre dos referentes datados, se aferre ao que é universal e, desse modo, atenda as expectativas de uma clínica que responda aos desafios da diversidade sexual, do racismo estrutural, e assim por diante. Assim, o que Sigal (2009) escreveu já há anos vem, neste livro, revelar sua potência para dar conta dos mais duros desafios que a psicanálise enfrenta na contemporaneidade. Quando muitos pretendem inventar a roda para, supostamente, responder a questionamentos contemporâneos à psicanálise, encontramos nos textos de Sigal o rigor epistemológico peculiar a quem pode "fazer Freud trabalhar" e, assim, mostrar que a psicanálise pode desdobrar a si mesma em conceitos que se coadunam com sua essência revolucionária no campo do pensamento.

Portanto, este livro chega em boa hora, dado o momento de transformações culturais que vivemos e sua incidência sobre a clínica psicanalítica e as políticas da psicanálise. Aqui se consolida a experiência de uma analista que, depois de ter tido uma sólida formação numa Argentina efervescente, contribuiu e contribui expressivamente, por mais de quatro décadas, para a formação de analistas no Curso de Psicanálise do Instituto Sedes Sapientiae, em São Paulo, como partícipe fundamental da consolidação da psicanálise brasileira para além das fronteiras da Associação Psicanalítica Internacional (IPA).

Referências

Safouan, M. (1979). Contribuições à psicanálise do transexualismo. In M. Safouan, *Estudo sobre o Édipo: introdução a uma teoria do sujeito* (A. S. Styzei, Trad.). Jorge Zahar.

Sigal, A. M. (2009). *Escritos metapsicológicos e clínicos*. Casa do Psicólogo.

Sigal de Rosenberg, A. M. (Org.). (1994). *O lugar dos pais na psicanálise de crianças*. Escuta.

Introdução

O originário e o recalque primário se referem às primeiras marcas que impactam o aparelho psíquico. São as marcas que dariam origem ao inconsciente e seriam produzidas por experiências muito arcaicas, que não chegariam à consciência, pois sua característica é não fazer ligação com outras representações, ficando inscritas como fixações que não alcançam o estatuto representacional ideativo ou representação-palavra. Relacionadas à representação-coisa, funcionam durante a vida como polo de atração de marcas que decorrem da história. Eis aqui uma das grandes questões que provocam tensão na obra freudiana: o que pertence ao mundo do vivido pelo sujeito ao longo da vida, sua história e sua singularidade, e o que seriam marcas provenientes da filogênese do sujeito, operando com certa universalidade na espécie humana. Essa questão, aparentemente simples, põe em jogo toda a teoria, pois nos faz deparar com a origem do inconsciente. Há inconsciente desde as origens? Existe o que precede o sujeito e é herdado como acervo biológico da espécie? Temos uma resposta única e definitiva? Sem dúvida, não. Não há uma resposta única e, diante dessa questão da origem, as diversas teorias sobre a constituição do sujeito seguiram fundando escolas.

Um tema tão importante tem sido pouco explorado e retrabalhado a partir da obra freudiana. Durante minha formação, retornava a essa questão e encontrava em Freud caminhos quebrados. Por isso, essa foi uma das linhas de pesquisa que desenvolvi em meu trabalho. Em primeiro lugar, era preciso garimpar, na obra freudiana, a abordagem desses temas. Eles aparecem aos poucos e entrecortados, e, quando me deparava com eles, a resposta era evasiva, contraditória ou insatisfatória. Foi assim que tomei consciência de ser um dos temas que nunca abandonaram Freud. A dualidade entre o biológico, a potência do adquirido e a palavra subsiste até o final de sua obra. Podemos ver que aparece no "Projeto para uma psicologia científica" (1950[1895]/1986a) e o acompanha até o fim da vida, em "Construções em análise" (1937/1986c). A questão das origens e a função do biológico permeiam também as discussões em torno dos conceitos de instinto e pulsão.

Recalque primário? Acho que até hoje vários psicanalistas muito bem formados na teoria freudiana fazem referência passageira a esse conceito, pois encontram dificuldade para responder a certas perguntas. Em diversos escritos e seminários sobre neuroses, em que é tão bem abordado o conceito de recalque secundário, a única explicação que se dá sobre o recalque primário é que é o polo de atração do recalque secundário. Foi essa inquietação que me levou a pensar que um livro temático sobre as origens e os primeiros momentos da formação do sujeito, assim como sobre a sexualidade infantil, seria oportuno, pois ofereceria um caminho para ajudar a desvendar as fendas que fizeram esses temas ficar ocultos ou esquecidos na obra freudiana.

O originário também aparece em várias versões e alcança desenvolvimentos mais extensos, embora, em certo momento, por falta de ferramentas conceituais, Freud recorra a um paradigma muito questionado e discutido, apelando para a concepção filogeneticamente herdada das fantasias originárias. Autores como

Laplanche e Lacan oferecem caminhos de saída conceituais mais consistentes para explicar a implantação do originário. Abordam a implantação do inconsciente apoiando-se fundamentalmente no lugar do outro, que imprime as primeiras marcas, o que, segundo Laplanche, se dá por meio da mensagem enigmática da mãe e, para Lacan, por meio da metáfora do desejo materno. Já Melanie Klein entende a biologia como um polo de apoio determinante. Debruça-se mais sobre o instinto e entende as fantasias como as representações mentais dele. Uma vez determinada a origem, apoiada no que vem com o sujeito, desenvolve um repertório altamente criativo para descrever o mundo fantasmático da criança. Ela talvez seja quem se propõe voos mais altos, ao abordar o tema do feminino a partir do lugar que o ser mulher lhe permite, encontrando uma equivalência mais equânime entre os gêneros. Fala da existência de uma figura combinada que engendra os órgãos maternos e paternos, abrindo um caminho mais interessante para falar das diversidades.

No artigo "O estádio do espelho como formador da função do eu", Lacan (1949/2003) trabalha os primórdios da constituição do eu. Como esse texto apresenta grandes dificuldades de compreensão para quem não conhece Lacan, escrevi há alguns anos um trabalho que figura neste livro, intitulado "A formação do eu: um estudo para ler o estádio do espelho".

Esse tema sem dúvida se entrelaça com outros conceitos freudianos que utilizam *ur* – prefixo verbal alemão que aparece em diversos artigos do autor – para se referir ao primário. Podemos citar dois exemplos: *Urphantasien*, a fantasia de cena primária, de sedução e de castração, e *Urszenen*, as cenas originárias. Em Freud, é aquilo que está nas origens, e consideramos aqui as fantasias originárias e as teorias sexuais infantis intimamente ligadas.

Durante anos, no Curso de Psicanálise do Instituto Sedes Sapientiae, ministrei um seminário cujo tema era "A formação do sujeito psíquico na obra de Melanie Klein, Winnicott, Lacan e Freud". Por incrível que pareça, a maior dificuldade que eu encontrava era nos textos freudianos, pois a maioria dos textos dele que incursionam nessa temática são do fim do século XIX, temática que depois ele abandona. A partir daí, Freud faz um forte investimento no estudo metapsicológico das neuroses de transferência e das formações do inconsciente. A famosa carta 69, de 21 de setembro de 1897, em que diz: "Não acredito mais na minha neurótica" (Freud, 1994, p. 284), marca um ponto de virada na determinação das fantasias nas doenças psíquicas. Em 1895, Freud publica com Breuer os *Estudos sobre a histeria* e avança nesse caminho. Em textos anteriores, que incluem as cartas de Freud a Fliess, como a carta 52, Freud escreve sobre os germens das primeiras inscrições, o recalque primário, a pulsão e a constituição do sujeito do inconsciente. Toca também em questões que mais tarde apontaram para uma clínica ligada às neuroses atuais. Esses textos foram revisitados nos trabalhos aqui apresentados e recomendamos sua leitura, mas é o "Projeto para uma psicologia científica" que confronta Freud com um impasse para o qual ele não encontra saída. Começa sua pesquisa e depois a põe de lado, fazendo pequenas referências a ela no decorrer de sua obra. Lembremos que Freud partiu de sua formação como neurologista para adentrar a psicanálise. Durante certo tempo, viveu obcecado por ter que abandonar a neurologia. Isso despertava nele a ideia de estar abandonando a medicina e a ciência, o que o perseguiu por muitos anos, até que finalmente, com clareza, na obra *A questão da análise leiga* (Freud, 1926/1986b) retira a psicanálise do campo da medicina e da psicologia. Esse texto fundamental apresenta a psicanálise como um saber cuja particularidade é a ética que o constitui, tirando-o do campo profissional para inseri-lo no campo de um ofício, de transmissão artesanal, baseada na própria análise e na história do inconsciente do analista.

Numa carta enviada a Fliess em 27 de abril de 1895, a carta 23, Freud se queixa de que vive atolado no "Projeto para uma psicologia científica", o qual o consome por completo, a ponto de estar trabalhando em excesso e vendo-se obrigado a interrompê-lo. Ele diz jamais ter estado tão preocupado com coisa alguma. O que o atormenta é, em primeiro lugar, averiguar que forma a teoria do funcionamento psíquico adquire quando se introduz nela um enfoque quantitativo, uma espécie de economia da energia nervosa, e, em segundo lugar, como extrair da psicopatologia o que seja útil para a patologia normal. Termina dizendo que buscar essas explicações o levou a um caminho sem fim, pois devia explicar algo que pertence à natureza humana. Ele se vê obrigado a elaborar problemas do sono, da memória, da percepção, da defesa – em suma, da psicologia toda – e declara não querer saber mais desse problema.

Sem dúvida, essa dificuldade se reflete na sua obra. Concluído o "Projeto para uma psicologia científica", ele passa a investigar as neuroses. Durante anos, não se estudou na formação de analistas esse texto, que ficou esquecido e cancelado, acompanhando a aflição de Freud. Lembro que já tinha percorrido uma boa parte dos escritos freudianos na minha formação quando um coordenador de seminário clínico, com quem estudava na época, nos propôs discutir esse trabalho. Era uma raridade em 1968, um texto totalmente banido dos estudos freudianos. Foi aí que começou também meu desejo de entender com o que Freud estava se deparando na época em que o "Projeto" lhe tirava o sono.

Entre os textos publicados neste livro, há um artigo de imersão nessa parte da metapsicologia freudiana: "O originário: um conceito que ganha visibilidade", sobre as formulações que envolvem "o primeiro" em Freud, deixando evidente que o primário, ou o primeiro, não é o primitivo. O originário e o primário poderiam levar ao engano se tentássemos introduzir a variável de uma temporalidade linear na compreensão dos fenômenos psíquicos (Alonso, 2011).

Para abordar o tema das origens do inconsciente, trato em profundidade da metapsicologia de Laplanche, o qual muito colaborou para compreender essa questão. Desde seu texto com Serge Leclaire, apresentado no Colóquio de Bonneval, intitulado "O inconsciente: um estudo psicanalítico" (Laplanche & Leclaire, 1960/1992), Laplanche se pergunta sobre o realismo do inconsciente.

Conheci Laplanche em 1971. Visitei-o em Paris para começar a editar algumas obras em espanhol e, desde então, mantive com ele e com Silvia Bleichmar um contato permanente, de trocas, buscando adentrar as origens do sujeito psíquico. Sem dúvida, o trabalho com crianças me induziu a aprofundar essas questões.

Podemos dizer que o estudo dessas problemáticas foi uma emergência da época, porque Piera Aulagnier (1975/1977) também considera a fundo o tema das origens, enunciando uma metapsicologia para pensar a constituição do sujeito psíquico e, especialmente, a representação. A proposta dela inclui a abordagem do registro psíquico em três instâncias: o originário, o primário e o secundário, tema que examino no capítulo mencionado.

Os capítulos deste livro foram escritos há vinte ou trinta anos, mas constato que suas ideias seguem vigentes. Já no fim de 1997 esses conceitos despertam minha atenção e começo a pesquisar também sua relação com a clínica. Como Freud abandonou o estudo das neuroses atuais, a princípio não associamos a relação das inscrições fixadas no recalque primário com a possível emergência de efeitos não simbolizados, com a aparição da pura presença de traços que não têm nada a narrar, nenhuma história a contar. Hoje estamos diante de outra realidade. A teoria das neuroses não deu conta de todos os fenômenos que os pacientes nos mostravam, e tivemos que rever nossos estudos, buscar linhas perdidas.

Atualmente, tem ressurgido essa pesquisa, retomando as patologias de borda ou as patologias nas quais devemos nos apropriar de outros conceitos que não o recalque secundário. Há um retorno ao estudo das neuroses atuais, tema que ganhou muita relevância e que estava enunciado nos textos que hoje apresento a vocês. O artigo "Francis Bacon e o pânico: um estudo sobre o recalque primário", já no ano 2000, desenvolvia a ideia do não tramitado que emerge sem inscrição na cadeia simbólica, produzindo um retorno ao corpo.

Uma recente e relevante obra sobre o assunto é *O grão de areia no centro da pérola: sobre as neuroses atuais* (Ritter & Ferraz, 2022). Transcrevo aqui a orelha que fiz para esse livro, que explicita a ancoragem de meus trabalhos com as produções atuais:

> *Este excelente livro traz o frescor de uma psicanálise que ousa se repensar. Foi escrito por psicanalistas que se indagam sobre os avanços em seu tempo e mostram como as primeiras teorizações freudianas sobre as "neuroses atuais" podem ser renovadas para auxiliar na compreensão do mal-estar contemporâneo. Os temas abordados aqui tratam daquilo que resiste à simbolização. Sua leitura, portanto, nos lança no campo das marcas que reaparecem como corpos estranhos e dos excessos que transbordam, seja pela impossibilidade da tramitação psíquica ou pela ausência da via representacional. É o campo da invasão pulsional do eu e da descarga em ato, decorrentes do fracasso do recalque primário e da irrupção da energia não ligada. É o campo, em suma, dos limites do psiquismo. Os autores escrevem sobre o sofrimento dos sujeitos na atualidade e as formas de adoecimento que lhe são correlatas. Já não se trata apenas das neuroses históricas – como as denominou*

> *Freud –, mas das patologias de "borda", cuja frequência aumentou vertiginosamente nas últimas décadas.*

Devo reconhecer que foi difícil migrar para novas interpretações de conceitos há muito estabelecidos. Num texto aqui publicado, "Dialogando com a psiquiatria", faço uma tentativa de entender, por exemplo, a síndrome do pânico como uma neurose fóbica produto do recalque secundário. Embora eu já estivesse estudando novos aspectos da metapsicologia e aceitasse novas formas de aparecimento de sintomas, insisti em propor uma escuta mais aprofundada para encontrar o sintoma falando, como faria numa neurose de transferência. Nos textos posteriores, já consigo dar uma virada, pois rever a metapsicologia muda a compreensão da psicopatologia.

Resolvi incluir no livro dois textos antigos sobre o Édipo e a sexualidade infantil porque são textos que funcionam como base e pilar da construção teórica. Mesmo tendo revisto e reinterpretado muitos conceitos, a semente da sexualidade infantil e da triangulação como ferida narcísica que cria uma fenda na fantasia de ser um com o outro permanece. Sem evocar o falo nem chamar o terceiro de pai, significantes que representam as determinações machistas da época, que atribuíam um lugar hierárquico à figura masculina e seu representante, o falo, a entrada do terceiro, do outro que rompe a díade, é uma questão que deve ser trabalhada. Penso que aqui não devemos nos apegar à ideia de gênero, e sim ao processo que essa operação implica. Em sua obra, Freud não deixa de incluir uma sexualidade aberta e multifacetada, no Édipo ampliado e nas fantasias da sexualidade perversamente polimorfas. Seus escritos abrem o caminho para pensar em todas as diversidades. Nos trabalhos sobre o Édipo, Freud mostra que a criança tem todas as opções possíveis para definir sua sexuação. Não é uma escolha, mas uma determinação relacionada com a singularidade do sujeito e o percurso de sua história. Quando retomamos essas questões, vemos que a definição naturalista se apaga, que Freud não está falando do sexo, e sim da sexuação e das diversas formas como o sexo é representado e inscrito no inconsciente.

Freud, como todo pensador, está atravessado por sua época. Devemos ser capazes de reinterpretar e estender a compreensão de suas teorias, recolocando os problemas na transversal do tempo atual. Se não fosse assim, todas as filosofias, as antropologias, a literatura e a história cairiam em desuso e precisariam ser canceladas. Até mesmo as ciências duras são relativas ao tempo e ao espaço em que se produzem. A maçã newtoniana não cai na mesma velocidade fora da órbita terrestre. Este livro, ao incluir esses trabalhos, vem reafirmar a posição de que a psicanálise ainda tem a ver com a sexualidade infantil e seu percurso. Ao oferecer, no capítulo sobre o Édipo, um trabalho comparativo entre a posição de Sigmund Freud e a de Melanie Klein em relação ao tema, optamos também por descancelar essa psicanalista, que tanto produziu e nos ensinou na clínica, e que foi posta em xeque por puro preconceito e atropelada pelo estruturalismo. Espero que, apresentando ao leitor essas questões, seja possível trabalhar por *après-coup*, também num tempo psicanalítico, voltando a conceitos que pensávamos já superados, e assim submeter a teoria a novos reordenamentos, que façam florescer uma nova riqueza. Como produto das flores, espero os frutos. Desejo a todos uma boa leitura.

Referências

Alonso, S. L. (2011). O tempo que passa e o tempo que não passa. In S. L. Alonso, *O tempo, a escuta, o feminino*. Casa do Psicólogo.

Aulagnier, P. (1977). *La violencia de la interpretación: del pictograma al enunciado* (V. Fischman, Trad.). Amorrortu. (Trabalho original publicado em 1975).

Breuer, J., & Freud, S. (1985). Estudios sobre la histeria. In S. Freud, *Obras completas* (J. L. Etcheverry, Trad.; Vol. 2). Amorrortu. (Trabalho original publicado em 1893-1895).

Freud, S. (1986a). Proyecto de psicología. In S. Freud, *Obras completas* (J. L. Etcheverry, Trad.; Vol. 1, pp. 323-446). Amorrortu. (Trabalho original publicado em 1950[1895]).

Freud, S. (1986b). ¿Pueden los legos ejercer el análisis? In S. Freud, *Obras completas* (J. L. Etcheverry, Trad.; Vol. 20, pp. 165-244). Amorrortu. (Trabalho original publicado em 1926).

Freud, S. (1986c). Construcciones en el análisis. In S. Freud, *Obras completas* (J. L. Etcheverry, Trad.; Vol. 23, pp. 255-270). Amorrortu. (Trabalho original publicado em 1937).

Freud, S. (1994). *Cartas a Wilhelm Fließ: 1887-1904* (J. L. Etcheverry, Trad.). Amorrortu.

Lacan, J. (2003). El estadio del espejo como formador de la función del yo [*je*] tal como se nos revela en la experiencia psicoanalítica. In J. Lacan, *Escritos 1* (T. Segovia & A. Suárez, Trads.; pp. 86-93). Siglo XXI. (Trabalho original publicado em 1949).

Laplanche, J., & Leclaire, S. (1992). O inconsciente: um estudo psicanalítico. In J. Laplanche, *Problemáticas 4: o inconsciente e o id* (A. Cabral, Trad.; pp. 215-266). Martins Fontes. (Trabalho original publicado em 1960).

Ritter, P., & Ferraz, F. (Orgs.). (2022). *O grão de areia no centro da pérola: sobre as neuroses atuais*. Blucher.

1. O originário: um conceito que ganha visibilidade[1]

O conceito do originário foi retomado, nos últimos anos, por vários autores, com a intenção de ampliar e recolocar o status metapsicológico das primeiras inscrições (Mezan, 1995).

Uma forma de colaborar na consolidação do campo da psicanálise consiste em revisar o estatuto teórico que dá fundamento à clínica, especialmente num momento histórico e político difícil como o que atravessamos no fim do século XX. Isso afeta as instituições psicanalíticas e o campo da subjetividade, que vem sendo foco de disputa entre o misticismo, o organicismo e o confessional.

Uma razão mais que suficiente para empreender o esforço de encarar as dificuldades que a feiticeira – como Freud se refere à metapsicologia – nos propõe é pensar que os modelos teóricos que elaboramos nos auxiliam passo a passo no fazer cotidiano. Eles são a condição necessária para que a clínica não se transforme numa técnica ou numa teoria do fazer.

A pulsão, o recalque, as identificações, a forma de pensar o inconsciente, os registros do tópico, dinâmico e econômico em

1 Uma versão anterior deste texto foi publicada em *Percurso*, *16*(30), 59-66, 2003.

Freud, o originário, o primário e o secundário em Piera Aulagnier, bem como o imaginário, o simbólico e o real em Lacan, pertencem ao mundo da metapsicologia em seu sentido amplo.

Essas hipóteses teóricas, que estão na base do sistema psicanalítico, são o que nos permite compreender a formação da subjetividade, assim como abordar a complexidade da constituição e do funcionamento do aparelho psíquico. Sem esses conceitos seria impossível pensar a formação e os caminhos do sintoma, a constituição das neuroses e as diversas abordagens psicopatológicas.

Para um psicanalista, a teoria é mais do que uma aventura epistemofílica. É uma tentativa de resposta aos enigmas que a clínica apresenta.

Há alguns anos, venho me interessando pela obra de Jean Laplanche e Piera Aulagnier. Os dois trabalham o tema do originário, e creio que esse conceito tem em ambos os autores elementos que dialogam entre si. Diálogo entre diferentes autores, entre diferentes psicanalistas, fundamental para romper com os feudos narcisistas, tanto teóricos quanto institucionais, que desconhecem tudo o que não é igual a si.

Piera Aulagnier formula três registros para pensar a constituição do psiquismo e especialmente a atividade de representação. Seu modelo defende a hipótese de que a atividade psíquica é constituída por três modelos de funcionamento ou três processos de metabolização: o originário, o primário e o secundário.

Jean Laplanche dedica-se a um profundo estudo do conceito de recalque originário, pois é ele que cria a distinção entre pré-consciente e consciente como uma clivagem que dará origem à tópica e às primeiras inscrições.

Meu interesse pelo estudo do recalque originário decorre de uma pesquisa clínica realizada com pacientes com pânico. Esse estudo me levou a pensar que, em alguns casos, o pânico (quando não é produto do momento agudo de uma fobia) não tem as características de um verdadeiro sintoma, que decorreria do recalque secundário, como manifestação de um conflito. O pânico se produziria por uma falha no recalque originário, que permitiria o surgimento de elementos arcaicos, marcas primitivas inscritas "a fogo" na psique, que deveriam ficar seladas por esse recalque. Tais elementos, impossibilitados de associar-se a outros, seja por continuidade, seja por contiguidade, permanecem desligados, sem encontrar tradução possível; permanecem inalteráveis, e a pulsão permanece fixada a eles. Sua presentificação no eu produziria manifestações de ordem física, como taquicardia, tontura e paralisação, por não terem sido integrados ao circuito da representação-palavra, que facilitaria a via da simbolização.

No texto "Francis Bacon e o pânico" (Sigal, 2000), refiro-me à psicopatologia do pânico utilizando metaforicamente as telas de Francis Bacon. Em outro trabalho (Sigal, 2001), trato do arcaico nas patologias contemporâneas. Neste, pretendo esclarecer melhor o papel do recalque originário na fundação do psiquismo, situando esse conceito na obra de Laplanche.

Mas por que Laplanche?

Laplanche é, sem dúvida, um psicanalista que faz trabalhar os conceitos freudianos, força-os ao máximo, confronta suas contradições, não se amedronta nem se submete às palavras do mestre. Quando o evoca, o convoca e às vezes o provoca, é sempre no intuito de criar uma nova espiral, que abra outros caminhos ao pensamento. Laplanche estuda Freud, mas tem também uma produção conceitual própria, que o transforma num dos grandes psicanalistas de nosso tempo.

Discute com Freud e Lacan, debate e recupera Melanie Klein. É rigoroso em suas colocações e ameno em suas exposições. Conhece em profundidade a obra de seus contemporâneos. Posiciona-se claramente diante do conteúdo sexual do inconsciente, retoma a via da sedução – que, a seu ver, é abandonada e recalcada pelo próprio Freud em sua obra – e desenvolve a teoria da sedução generalizada e dos significantes enigmáticos, a fim de reconsiderar a prioridade do outro na fundação do inconsciente.

Recusa-se a pensar que a criança parte de uma sexualidade já dada como algo inato, questionando nesse ponto o pensamento kleiniano, e propõe formas alternativas para superar a dicotomia corpo-mente na fundação do psiquismo. Sem negar a ancoragem da pulsão no corpo, reforça a prioridade do outro, do adulto, na sua fundação.

Em um trabalho recente, afirma que "o sexual tem sua fonte na própria fantasia, certamente implantada no corpo" (Laplanche, 2001, p. 13). Diz também que

> *a pulsão não é mais psíquica do que o instinto. A diferença não passa entre o somático e o psíquico, mas entre uma parte inata, atávica e endógena [o instinto] e outra parte adquirida e epigenética [a pulsão] (mas não por isso menos ancorada no corpo). (p. 8)*

A partir disso, vemos que recusa a ideia de uma linha demarcatória entre o autoconservativo e o sexual, afirmando que ambos têm componentes somáticos e psíquicos.

Laplanche também questiona a posição de que o inconsciente é diretamente o discurso do outro, ou o desejo do outro. O inconsciente é, para ele, o resultado de um metabolismo que leva consigo composição e decomposição. Há entre o inconsciente materno e o inconsciente da criança em vias de constituição um processo que o autor chama de desqualificação. O que nos diz é que "entre o comportamento-desejo-discurso da mãe e a representação inconsciente da criança não há continuidade nem simples interiorização" (Laplanche, 1981/1987, p. 130); há um processo de metabolização que, como na biologia, transforma o incorporado em outra coisa.

Grande parte de sua obra é dedicada a estudar o que ele chama de *situação originária*, relação na qual a criança recebe do adulto mensagens carregadas de conteúdo sexual inconsciente. A questão das origens toma uma proporção relevante, que o leva a estudar a fundação do mundo pulsional, já que não quer se utilizar do fácil recurso das origens míticas para encontrar os pontos de fundação do sujeito psíquico. A ideia de fantasias originárias filogeneticamente herdadas, núcleo do inconsciente originário, como preconizado em Freud, será revista à luz do recalque originário.[2]

Quando nos deparamos com o conceito de originário, perguntamo-nos por aquilo que está nas origens – origens como fundamento, como alicerce, não necessariamente como aquilo que é primeiro.

Os termos *originário* e *primário* poderiam levar ao engano se tentássemos introduzir a variável de uma temporalidade linear na compreensão dos fenômenos psíquicos. Em várias passagens de sua obra, Laplanche trabalha a ideia de originário e primário no intuito de diferenciar o pensar psicanalítico da psicologia do desenvolvimento, em função de duas concepções diversas de tempo.

No texto freudiano encontramos com frequência alusões às origens, bem como ao primário: processo primário, narcisismo primário, sedução originária, recalque primário, cena primária,

---

2 Deve-se levar em conta que Freud se debateu com a questão das fantasias originárias. No texto sobre o Homem dos Lobos, afirma: "As cenas de observação do comércio sexual entre os pais, de sedução na infância e de ameaça de castração [fantasias originárias] são sem dúvida um patrimônio herdado, herança filogenética, mas também podem ser aquisição do vivenciar infantil" (Freud, 1918/1986a, p. 89).

fantasias originárias. Primário e originário se entrecruzam, se sobrepõem, se confundem. Percorrendo a obra freudiana, em distintos momentos, Laplanche aponta a necessidade de revisar essa posição, esclarecendo os termos, remetendo-se aos fundamentos mesmos da construção teórica e clínica da psicanálise.

Se tomarmos o exemplo dos processos primário e secundário, veremos que têm formas de funcionamento independentes. O que importa no processo primário não é o fato de "estar antes". Não é pretensão de Laplanche encontrar no pensamento primário a raiz daquilo que se constitui no processo secundário; ambos têm uma lógica e uma racionalidade diferentes. Ele quer desvincular do processo secundário o conceito evolutivo de adaptação superior, bem como a existência de uma hierarquia. Não há uma concepção diacrônica dos processos no sentido de etapas sucessivas. Laplanche os concebe como duas modalidades de funcionamento coexistentes de modo simultâneo, ou seja, uma concepção sincrônica.

Freud (1911/1986a), em textos como "Formulações sobre os dois princípios do funcionamento mental", radicaliza ao apresentar uma ideia de sequência, posição criticada por Laplanche. Nesse texto, Freud fala do processo primário (prazer-desprazer) como primeiro, enfatizando a introdução posterior de uma nova atividade psíquica, o princípio da realidade. Laplanche, no entanto, reforça a noção de que o primário pode se transformar em precondição da existência de um segundo tempo que funda o primeiro.

Não há dúvida de que essa ideia já se encontra em Freud, o que pode ser observado no caso Emma (Freud, 1950[1895]/1986d). No entanto, são as oscilações em seu pensamento que abrem brechas para questionarmos como se constitui esse inconsciente primário ou originário.

Pode ser esclarecedor para pensar essa questão rever o caminho da estruturação do sintoma, no qual a cena primeira, em si mesma, não é traumática. Transforma-se em primeira cena traumática apenas a partir da existência de uma segunda cena, que lhe confere por ressignificação um sentido novo. Ressignifica e funda, transformando-a em primeira.

Vemos a necessidade, portanto, de separar a ideia do fundante da ideia do que vem primeiro, pensando no modelo de uma espiral, e não no sentido de um contínuo unidirecional. O tempo da psicanálise é o tempo do *après-coup*, da ressignificação, de um segundo tempo que dá significado e sentido ao primeiro.

Na obra de Laplanche, podemos dizer que o originário é algo que transcende o tempo, mas que repousa e se funda nele. Por essa razão, Laplanche, no trabalho de tradução e pesquisa da terminologia freudiana, retoma algumas considerações sobre o prefixo *ur* – que antecede em alemão a constituição de certas palavras –, traduzindo-o por "originário". No caso específico do recalque primário, *Urverdrängung*, em alemão, mantém essa mesma linha de pensamento e prefere traduzi-lo por "recalque originário".

Entramos aqui num campo complexo, no qual acompanharemos o pensamento de Laplanche tecido sobre as considerações freudianas. No caso Schreber, Freud (1911/1986b) decompõe o processo de recalque em três fases.

A primeira consiste na fixação, precursora e condição de cada recalque. É interessante destacar que inscrição e fixação não são sinônimos, e Freud as utiliza indistintamente. Mas poderíamos dizer que ele dá ao conceito de fixação um sentido genético, e ao de inscrição, uma referência tópica.

A segunda fase se refere ao recalque propriamente dito: a defesa, nesse caso o recalque secundário, empurra ou arremessa a representação incompatível para fora da consciência, quando cenas sexuais infantis, até então normais, presentes no sujeito sob a forma de lembranças inconscientes, por *après-coup* adquirem uma conotação censurável.

No recalque propriamente dito, o recalque secundário, há mobilização de energia psíquica em direção a uma representação próxima daquela desprazerosa, esvaziando a representação desagradável e ativando uma próxima, inofensiva. Aquela representação ameaçadora se torna inativa, investindo outra representação a ela associada (por contiguidade ou continuidade).

A terceira fase corresponderia ao retorno do recalcado, sobre o qual não nos deteremos, já que não oferece elementos de interesse para nossa proposta.

Devemos considerar que no trabalho "O recalque" Freud (1915/1984) afirma que dificilmente seria possível que o recalque propriamente dito fosse bem-sucedido se não existisse algo recalcado antes, pronto a recolher o repelido pelo consciente. É assim que propõe a ideia de um recalque primordial, uma primeira fase do recalque que consiste na negação da admissão no consciente da ação do representante psíquico da pulsão (representante-representação). Estabelece-se assim uma fixação e, a partir desse momento, o representante em questão permanece imutável, e a pulsão permanece ligada a ele. Para que exista recalque propriamente dito ou recalque secundário, é necessário que tenha se constituído um primeiro núcleo do recalcado. "Freud associa a experiência original do trauma à constituição desse primeiro núcleo recalcado, que posteriormente atrai outro recalcamento" (Fuks, 2000).

Cabe destacar que o único mecanismo pelo qual Freud explica esse recalque é um processo de contrainvestimento. Nada anterior poderia exercer uma atração. Para ele, o recalque originário se produz e é mantido porque se cria uma espécie de tampão, de trama fechada e coerente, entretecida e apertada ao máximo, que bloqueia todas as saídas. Laplanche interpreta isso como marcas de fogo dos primeiros significantes, que permanecem fixados por sua impossibilidade de tradução.

Podemos observar que a noção de recalque originário é quase um artifício teórico, ao qual Freud apela a fim de dar conta do recalque propriamente dito ou secundário. É a partir dele que vai explicar a emergência das neuroses e a formação do sintoma, como regressões a uma fixação prévia.

O conceito de recalque originário tem pouco espaço em sua obra para ser colocado como alicerce sobre o qual repousa grande parte do edifício teórico da neurose. Por essa razão nos interessa desenvolver mais profundamente a primeira fase do recalque em Freud, que para Laplanche terá um estatuto privilegiado, já que dará conta do momento de fundação do inconsciente.

Laplanche deixa claro que as representações fixadas às quais Freud se refere seriam representações que estariam no limbo, inscritas no psiquismo, mas sem pertencer a nenhum sistema. Nesse momento da fixação, ainda não haveria uma diferenciação entre consciente e inconsciente como sistema da primeira tópica. Podem, sim, ser inconscientes no sentido descritivo, como uma qualidade da inscrição. Entendemos que inconsciente como adjetivo designa a propriedade do que está fora do campo da consciência (descritivo), enquanto inconsciente como substantivo designa um sistema do aparelho psíquico.

Lembremos também que a pulsão está aquém da distinção entre consciente e inconsciente. Ela jamais poderia tornar-se objeto de consciência, e mesmo no inconsciente é preciso que seja representada por uma ideia (representante-representação ou representante ideativo).

Se afirmamos que não há inconsciente desde as origens e que o recalque é o responsável pela cisão do psiquismo, pela divisão em sistemas, podemos dizer que, ao mesmo tempo que recalca, o psiquismo inaugura e funda o inconsciente.

O recalque originário corresponde, portanto, a uma primeira inscrição e a uma primeira fixação. A representação fixada passa a funcionar como se fosse recalcada, porque, ao se fixar, não sofre reordenamentos ou retranscrições e se comporta como se fizesse parte do inconsciente. Na verdade, fica detida fora da dança, da roda dos movimentos que formariam com outros representantes novas figuras. Não tramita, não é traduzida, ligada. Permanece indisponível e, por isso, inconsciente. O sujeito ficaria bloqueado, fixado, em um duplo sentido, num momento de sua evolução libidinal e numa lembrança que, como uma fotografia, fixa o representante pulsional (Laplanche, 1981/1987).

É preciso reforçar a ideia de que, à fixação de uma pulsão, sua representação corresponde à inscrição num sistema mnêmico, como inscrição que é inconsciente, mas não é "o inconsciente". Memória e marca mnêmica não pertencem ao mesmo sistema. A primeira é patrimônio do eu; a segunda, do inconsciente.

De acordo com Laplanche, é possível distinguir dois tempos na teoria do recalque originário:

1. Um tempo exógeno, traumático em si, no qual aparecem representações implantadas pelo mundo dos adultos. Mensagens que veiculam pura energia sexual, excitação, algo que marca, sem que se saiba no momento por quê. Por excesso de gratificação? Por impossibilidade de compreensão ou tramitação? Por excesso de frustração? São fantasmas ou marcas sem estatuto tópico preciso.
2. Um segundo tempo, no qual o traumatismo se torna autotraumático e provoca o recalque em si.

O recalque originário tem assim um primeiro momento, passivo, no qual se implantam os objetos-fonte da pulsão, inscritos num estatuto de espera, e um segundo momento, que corresponde à tentativa da criança de ligar essas representações, momento que pode se tornar autotraumático e provocar a fixação, pela impossibilidade de tradução. O *infans* recebe da mãe mensagens que apenas veiculam energia, um *quantum* de excitação incapaz de ser dominado pela compreensão – tanto da mãe quanto da criança, sobre a qual se impõe um trabalho de simbolização, de tradução.

O outro da sedução originária implanta esses significantes, que permanecem fixados como na superfície, na derme psicofisiológica de um sujeito no qual a instância inconsciente não está ainda diferenciada. É sobre esses significantes recebidos passivamente que operam as primeiras tentativas de tradução. Os restos não traduzidos, fixados, formam parte do recalcado originário.

São esses restos não traduzidos que correspondem ao objeto-fonte da pulsão. A sexualidade materna, a sedução, os significantes enigmáticos se tornarão internos e se transformarão em fontes autônomas de excitação, de pulsão. Num segundo momento, o recalque originário define essas fixações e gera um *topos* para essas representações, que permanecerão para sempre alheias ao sujeito.

Minha hipótese sobre a patologia do pânico questiona o fato de que permaneçam para sempre alheias. O que se postula é que elas possam escoar mesmo sem tradução, como elementos não ligados. Aparecem como significantes dessignificados, motivo pelo qual a interpretação do analista não opera do mesmo modo que faria num sintoma, produto do recalque secundário. Nesses casos, é necessário possibilitar uma construção para que a representação-coisa entre no circuito da representação-palavra.

Cabe destacar que as representações-coisa não representam uma coisa, não são representação da coisa, mas são elas mesmas a coisa. Organizam-se no inconsciente originário por simultaneidade ou contiguidade, sem constituir tramas significantes. Só nas transcrições sucessivas é que se constituem novos reordenamentos, segundo outros tipos de articulação, configurando fantasmas, verdadeiras encenações do desejo, ou teorias sexuais infantis.

Num primeiro contato com esse conceito, justamente por se nomear recalque originário, pareceria tratar-se de um processo que se produz só no começo da vida, nos primeiros meses. Mas não é bem assim. Há representações que dão conta de uma boa parte da infância, sobre a qual poderíamos falar de um estado sem inconsciente, e o recalque originário produziria a clivagem *a posteriori* que funda o sistema. Radicalizando, Laplanche afirma que o recalque originário não é mais que o momento primeiro e fundante de um processo que dura a vida toda.

Se pensamos no caso do Homem dos Lobos (Freud, 1918/1986c), vemos que a primeira cena, à qual se tem acesso apenas por reconstrução, data de um ano e meio de vida. Elementos dessa cena ficaram gravados, fixados, sem uma localização tópica. Para sermos mais precisos, poderíamos dizer que estímulos provenientes dessa cena – fragmentos, sons, cheiros, ruídos, palavras, visões – ficaram inscritos. Alguns conseguiram ser derivados, ligados a outras representações; outros ficaram fora de toda rede de significação.

Não poderíamos dizer que essas representações já fazem parte do inconsciente como sistema da primeira tópica. Esse acontecimento teve registro psíquico na criança como uma excitação proveniente do adulto. Não ficou recalcado, apenas fixado; deixou sua inscrição. Na medida em que não foi possível pôr essas representações numa rede associativa que lhes desse um destino, algumas delas ficaram como resto não traduzido e se transformaram em autotraumáticas, operando a partir do interior.

As primeiras inscrições são fragmentos, representações-coisa, que passam a funcionar como objeto-fonte da pulsão. As próprias palavras dessignificadas atuam como representação-coisa.

Revendo o já exposto, percebemos que no recalque originário não há por definição distinção entre sistemas, justamente porque ele a funda. É uma clivagem inicial que organiza uma tópica, condição necessária para o recalque secundário, que está ligado aos tempos do edípico.

As mensagens enigmáticas que vêm do adulto, veiculando energia, inscrevem-se, algumas delas encontrando vias associativas. As inscrições não ligadas das mensagens enigmáticas serão a gênese do inconsciente, instituirão sua fundação e possibilitarão seu surgimento.

Como dizíamos no começo, ao marcar o momento fundante do inconsciente, Laplanche questiona a origem mítica do inconsciente. Em vez de se utilizar das protofantasias ou dos fantasmas originários herdados filogeneticamente para explicar a fundação do inconsciente, afirma que ele tem origem na história singular do sujeito, marcada pela sua relação com o outro. O que se transmite transgeracionalmente se faz a partir do encontro com o outro pulsante na sua sexualidade, também historicamente determinada.

Para dar vida a essas conceituações, Laplanche faz entrecruzamentos com outros aspectos da teoria, como a sedução e a gênese da sexualidade, na qual a aparição da pulsão é inaugurada pelo outro adulto da relação. Para ele, o objeto-fonte da pulsão é decorrente da marca mnêmica depositada pela sexualidade pulsante da mãe. Somos confrontados com o originário, que está nas origens do ser humano, nas origens fundantes de seu aparelho psíquico, de sua subjetividade.

Entre Aulagnier e Laplanche: encontros

Encontros não significam identidade. Aulagnier e Laplanche conservam a originalidade de seu pensamento, embora ambos estejam preocupados com o processo de fundação do psiquismo e com a metabolização a partir da qual o externo se faz interno. Os dois se perguntam como é esse momento de registro no psiquismo, a partir do qual um material heterogêneo, que vem do outro adulto, passa a ocupar um lugar na representação do sujeito.

Que laços e semelhanças encontramos nos autores ao fazê-los dialogar? Que entrecruzamentos são possíveis?

Aulagnier (1975/1977), assim como Laplanche, diz que a primeira atividade de representação da criança se dá pelos efeitos originados pelo duplo encontro com o corpo e as produções da psique materna. A criança forma uma representação de si a partir dos efeitos desse encontro.

É possível estabelecer alguma relação entre essas primeiras inscrições, as representações-coisa em Laplanche e o pictogramático em Aulagnier?

Maria Lúcia Violante (2001), seguindo Aulagnier, diz com justiça que "a imagem da coisa corporal não é ainda aquilo que Freud denomina representação de coisa, obra do processo primário" (p. 23). No entanto, se utilizarmos o conceito de representação-coisa, como proposto por Laplanche, veremos que não estamos no campo do processo primário, motivo pelo qual se aproxima do pictograma. O que gostaria de destacar é que Laplanche cria um novo sentido do termo *representação-coisa*, produzindo um deslizamento que o diferencia de Freud. Laplanche (1997) deixa claro que representação-coisa não é uma tradução mais correta de representação de coisa (*Sachvorstellung*). Nessa nova nomeação, pretende criar um contrassenso provocador, a partir do qual afirma que o elemento inconsciente não é uma representação que deve se referir a uma coisa exterior, da qual seria a marca, mas que a passagem ao estatuto de inconsciente é correlativa a uma perda de referência. A representação, ao tornar-se inconsciente, perde seu estatuto de representação substancialmente formada por elementos visuais ou imagens mnêmicas da coisa, de acontecimentos ou de objetos, como encontramos em Freud. Para Laplanche, a representação perde a relação com a coisa exterior e é ela mesma a coisa. O que se instaura no inconsciente não é uma representação memorizada;

são restos de certos processos de memorização. Portanto, o recalque originário é muito mais que um esquecido.

A referência à representação-coisa em Laplanche está antes do primário, e atuará como objeto-fonte da pulsão. Haveria um estado que não se rege pelo princípio do prazer, mas que seria uma precondição deste.

Para Laplanche, no inconsciente originário temos significantes clivados, traumáticos, reduzidos a seus aspectos mais excitantes. A ideia de fantasma inconsciente supõe uma organização demasiada em relação a essas imagos. Para Aulagnier, as fantasias pertenceriam ao registro do primário.

Enquanto em Aulagnier o originário é o depósito do pictográfico, em que continuam atuando certas representações num estado de fixação permanente, podemos dizer que em Laplanche o recalcado originariamente também se refere a representações fixadas, que fundam o psiquismo antes do processo primário. Para Laplanche, a memorização do vivido infantil se produz *a posteriori* e pressupõe a existência de um primeiro tempo infantil, o do depósito das marcas. Aulagnier é clara ao afirmar que nada poderá surgir na psique que não tenha sido metabolizado previamente numa representação pictográfica. O originário só pode conhecer os fenômenos externos uma vez que, transformados, respondam às condições de representabilidade.

Enquanto Aulagnier fala de autoengendramento, Laplanche fala de autotraumático.

O que entende Aulagnier por autoengendramento? Ao definir o pictograma, afirma que ele é a representação que a psique dá a si mesma como atividade representante; ela se re-apresenta como fonte que engendra o prazer erógeno das partes corporais. Na verdade, fica perdida a diferenciação ou a separação entre dois tipos de *existentes*: não se sabe se a fonte é o corpo ou o mundo.

Aquilo que se origina no outro adquire sentido para a psique no momento em que adquire representabilidade, operação efetuada pelo próprio sujeito. O externo se faz interno. Não é muito difícil pensar que essas representações primitivas estão próximas do objeto-fonte da pulsão.

Laplanche introduz o conceito de autotraumático para referir-se ao momento em que essas representações começam a atuar por si e aquilo que vem do exterior ganha sentido, porque começa a operar com independência, como fonte de energia interna. Em Laplanche, são as mensagens enigmáticas que a mãe emite que serão decodificadas e cujos restos, agora significantes dessignificados, se transformam numa produção do próprio bebê, como resultado de um processo de metabolização.

Para Aulagnier, o sujeito jamais terá um conhecimento direto do pictograma. Para Laplanche, os restos intraduzíveis do recalque originário, que se tornaram objeto-fonte da pulsão, também são inacessíveis.

Um se refere à zona-objeto, o outro ao objeto-fonte da pulsão, porém ambos concordam que, nesse momento, a representação não tem a complexidade de uma cena, nem de uma fantasia.

De fato, no originário, o pictograma está aquém da fantasia e muito mais distante da imagem de palavra ou representação-palavra; ele tem como material exclusivo a imagem de coisa corporal.

Marta Rezende Cardoso (1998), num trabalho intitulado "Os destinos das mensagens intraduzíveis", apresentado no Colóquio Internacional Jean Laplanche, em Porto Alegre, afirma que as fantasias inconscientes não integram o campo das representações-coisa: "As mensagens que veiculam um excesso a traduzir tendem a invadir a tópica, não como fantasia inconsciente, mas como mensagens do outro que perderam sua referência, tornando-se significantes dessignificados", o que, a meu ver, aproxima as representações-coisa do pictograma.

Entendo que, quando Aulagnier se refere à fonte somática da representação psíquica do mundo, ela não está falando da origem no somático, mas da capacidade do somático de ser afetado num vínculo indissociável mundo-corpo, essência do pictograma. No mesmo sentido, Laplanche reafirma que é a partir do outro que se funda o campo pulsional, quando o significante enigmático se faz autotraumático e se ancora no corpo, como pura fonte de energia sexual.

Sem dúvida, Laplanche e Aulagnier, autores aqui revisitados, debruçam-se sobre Freud para fazer trabalhar o texto, encontrando brechas e interstícios que permitem recriar e criar novos conceitos. Há, sem dúvida, nesses psicanalistas tão ligados à clínica uma preocupação pelos movimentos fundantes do sujeito. O sentido de estabelecer laços considerando o originário nos permite, na clínica, compreender os elementos arcaicos das patologias que ampliam o campo da neurose.

Referências

Aulagnier, P. (1977). *La violencia de la interpretación: del pictograma al enunciado* (V. Fischman, Trad.). Amorrortu. (Trabalho original publicado em 1975).

Cardoso, M. R. (1998). *Os destinos das mensagens intraduzíveis* [Apresentação de trabalho]. Colóquio Internacional Jean Laplanche, Porto Alegre, RS, Brasil.

Freud, S. (1984). La represión. In S. Freud, *Obras completas* (J. L. Etcheverry, Trad.; Vol. 14, pp. 135-152). Amorrortu. (Trabalho original publicado em 1915).

Freud, S. (1986a). Formulaciones sobre los dos principios del acaecer psíquico. In S. Freud, *Obras completas* (J. L. Etcheverry, Trad.; Vol. 12, pp. 217-232). Amorrortu. (Trabalho original publicado em 1911).

Freud, S. (1986b). Puntualizaciones psicoanalíticas sobre un caso de paranoia (dementia paranoides) descrito autobiográficamente. In S. Freud, *Obras completas* (J. L. Etcheverry, Trad.; Vol. 12, pp. 1-76). Amorrortu. (Trabalho original publicado em 1911).

Freud, S. (1986c). De la historia de una neurosis infantil. In S. Freud, *Obras completas* (J. L. Etcheverry, Trad.; Vol. 17, pp. 1-112). Amorrortu. (Trabalho original publicado em 1918).

Freud, S. (1986d). Proyecto de psicología. In S. Freud, *Obras completas* (J. L. Etcheverry, Trad.; Vol. 1, pp. 323-446). Amorrortu. (Trabalho original publicado em 1950[1895]).

Fuks, L. B. (2000). A insistência do traumático. In L. B. Fuks & F. C. Ferraz (Orgs.), *A clínica conta histórias*. Escuta.

Laplanche, J. (1987). *Problemáticas 4: el inconsciente y el ello* (S. Bleichmar, Trad.). Amorrortu. (Trabalho original publicado em 1981).

Laplanche, J. (1997). Breve tratado do inconsciente (M. F. Araújo, Trad.). *Psicanalítica*, *5*(5), 7-43.

Laplanche, J. (2001). Pulsão e instinto. *Percurso*, *14*(27), 5-13.

Mezan, R. (1995). Três concepções do originário: Stein, Le Guen, Laplanche. In R. Mezan, *Figuras da teoria psicanalítica* (pp. 109-152). Edusp; Escuta.

Sigal, A. M. (2000). Francis Bacon e o pânico. In L. B. Fuks & F. C. Ferraz (Orgs.), *A clínica conta histórias* (pp. 217-230). Escuta.

Sigal, A. M. (2001). O arcaico nas patologias contemporâneas. *Revista Latinoamericana de Psicopatologia Fundamental*, *4*(4), 112-118.

Violante, M. L. (2001). *Piera Aulagnier: uma contribuição contemporânea à obra de Freud*. Via Lettera.

2. O arcaico nas patologias contemporâneas[1]

Num olhar atento aos trabalhos apresentados recentemente nos numerosos encontros de psicopatologia, vemos um aumento no interesse da psicanálise por manifestações que, até alguns anos atrás, não demandavam nossa atenção de forma tão veemente. Essa mudança é produto do número crescente de consultas com nossos pacientes que nos levam a refletir, pesquisar e reconsiderar nosso repertório teórico para dar conta dos problemas que enfrentamos hoje.

Nas patologias contemporâneas, podemos considerar duas vertentes fundamentais sobre as quais trabalhar: a primeira se refere às condições de produção da subjetividade, ou seja, às modificações que acontecem no sujeito em decorrência de fatores históricos, políticos, sociais e econômicos; a segunda diz respeito à própria estruturação do aparelho psíquico, a qual, inscrita historicamente, merece considerações metapsicológicas. Ambas as vertentes estão entremeadas e produzem efeitos de ressignificação permanente.

---

1 Uma versão anterior deste texto foi publicada em *Revista Latinoamericana de Psicopatologia Fundamental*, 4(4), 112-118, 2001.

O consumo desenfreado; a vertiginosidade imprimida ao tempo, que faz com que não seja possível suportar e sustentar projetos de longo prazo; o imediatismo, que transforma a satisfação sem demora no *leitmotiv* do prazer cotidiano; a falta de solidariedade e de utopias; a política de esgotamento rápido do objeto, que não deixa marcas e impede que o mundo interno seja povoado de conteúdos próprios; a constante intervenção de uma mídia que provoca paralisia, promovendo a passividade, transformando o sujeito em objeto e atacando os processos criativos e de pensamento; a corrupção social e o desemprego, que aprofundam o sentimento de desamparo e ruína e colocam o eu em posição de falência – essas são algumas das inumeráveis mudanças históricas, políticas, sociais e econômicas que dão um novo rumo às patologias do homem atual, transformando sua subjetividade, operando sobre ela.

Neste trabalho, tomando a segunda vertente mencionada, analisarei algumas das causas que operam na constituição do psiquismo, em seus aspectos mais arcaicos, e que me permitiram pensar as formas de operação e funcionamento do pânico a partir de um ponto de vista metapsicológico. Ao abordar as patologias contemporâneas, destaco a leitura freudiana, que considera a importância do pulsional, mantendo vivo o papel da sexualidade infantil, sem esquecer o lugar que o trauma ocupa nas perturbações psíquicas. Se nas neuroses dirigíamos o olhar para as questões edípicas e seus destinos identificatórios – considerando o papel fundamental do recalque secundário, com a produção de sintomas resultantes do conflito entre instâncias intrassistêmicas –, hoje, para compreender melhor as patologias, se faz necessário dirigir nossa atenção para elementos mais arcaicos, nos quais (por uma impossibilidade de tradução, porque não puderam estabelecer uma ligação que lhes permitisse fazer sentido) a pulsão, sem ter sido tramitada no registro simbólico, irrompe. Assim, esses primeiros elementos, que na teoria freudiana corresponderiam às primeiras inscrições da representação-coisa, não conseguem se integrar numa cadeia significante e ficam excluídos, fazendo parte do inconsciente originário.[2] Hoje em dia, vemos com surpresa o aumento de patologias em que o pulsional encontra sérias dificuldades para ser escoado ou tramitado, por meio da palavra ou da fantasia. Anorexias, bulimias, perturbações psicossomáticas, pânico, drogadição, adição e seitas religiosas com sentido de fanatismo são perturbações nas quais a simbolização fracassa e que comprometem até mesmo o nível de atuação no campo social. São perturbações nas quais os diferentes fracassos na simbolização podem ser situados na gênese e na fundação das instâncias psíquicas. A simbolização pressupõe deslocamento, união para a criação de algo novo, fundamentalmente ligação, seja de duas representações entre si, seja de uma representação com um afeto. A simbolização pressupõe também substituição e permite a elaboração e a equivalência. Quando a simbolização falha, algo que deveria ter sido transformado, derivado, reaparece em seu estado arcaico, primitivo, puro.

Nesse sentido, o pânico se apresenta como produto de uma patologia do arcaico, ou seja, há um desamparo do eu diante de uma invasão pulsional causadora de momentos de falência do aparelho psíquico. Emergem, assim, elementos da representação-coisa que deveriam ter ficado sepultados por meio do recalque primário, mas que invadem o eu sem mediação da representação-palavra. Esses elementos desligados se incrustam no eu como elementos bizarros que não encontram seu destino num fantasma, não podem ser metabolizados, não alcançam escoamento na palavra e são descarregados no somático, por meio de suores, taquicardia, sensação de morte iminente. Algo aparece como pura presença e nos conduz

2 Tanto Jean Laplanche quanto Piera Aulagnier insistem em revisitar os transtornos nesse campo: Laplanche trabalhando o conceito de recalque primário; Aulagnier propondo uma nova metapsicologia, que transita por originário, primário e secundário.

às origens das primeiras marcas, quando o inconsciente ainda não estava constituído como sistema (Sigal, 2000). Esses elementos, que ficaram desligados, avançam fazendo irrupção no eu. Eles não têm a complexidade do sintoma, que permite certa estabilidade, pois não são a substituição simbólica de representações recalcadas. O sintoma tem um sentido e é produto de um conflito entre instâncias, denotando uma configuração simbólica, ou seja, o sintoma está no campo das neuroses.

Não pretendemos negar que, em alguns casos, o pânico se apresenta dentro de uma estrutura com história, como produto de um sintoma, como acontece, por exemplo, na manifestação aguda de uma fobia (Sigal, 1997). Nesses casos, o pânico configura-se como expressão da angústia de castração vinculada ao edípico. No entanto, o que aqui estudamos está mais próximo do conceito freudiano de neuroses atuais e, mais especificamente, das chamadas neuroses de angústia, nas quais, da maneira como entendo, produz-se a emergência de uma representação com uma qualidade tão primitiva, tão próxima da sensação, com uma intensidade tão próxima do puro afeto, que impede que a angústia-sinal atue, o que anteciparia ao eu algo a respeito do risco de falência.

Lembremos que, no originário, a representação do afeto e o afeto da representação são indissociáveis. Como o recalque primário não tem condições de sepultar os dois definitivamente juntos, e em virtude das dificuldades para fazer os deslocamentos da representação-coisa para a representação-palavra, elementos arcaicos inscritos na psique presentificam-se como corpos estranhos sem possibilidade de tradução. Se a ligação com a palavra já tivesse acontecido, seria possível fazer, com êxito, uma derivação dessa pulsão, um deslocamento por meio do qual se afastaria o temido, num movimento metonímico ou metafórico, constituindo sintoma.

Em outras palavras, essa situação nos põe em contato com a angústia catastrófica do não ligado, algo que escoa por um buraco, algo que escapa, pois aquela marca que tem inscrição primeva aparece por uma falha no recalque primário, sem os diques sucessivos que implicariam esforços de tradução. A origem desses impedimentos encontra-se nos alicerces da formação do aparelho psíquico, intimamente ligados ao trauma.

É nesse sentido que Laplanche oferece subsídios fundamentais para entender as relações mente-corpo no interior da psicanálise. Ele propõe um caminho para pensar a inscrição da pulsão a partir da ação do outro humano, e não como derivação direta do somático no psíquico, posição que compartilho por ter me oferecido respostas para a clínica com crianças pequenas e para as patologias contemporâneas que estamos considerando.

Há um assédio permanente da vivência traumática, entendendo-se por traumático nessa situação não um acidente, mas a forma pela qual a sexualidade foi implantada. Assim, a marca da sexualidade sempre determina algo de traumático: o outro da sedução originária, o adulto, implanta os significantes como numa superfície psicofisiológica em que o inconsciente ainda não está diferenciado. Sobre esses significantes recebidos passivamente operam as primeiras tentativas de tradução, sendo o recalcado originário os restos não traduzidos e que atuam como objeto-fonte da pulsão.

Há duas modalidades, segundo Laplanche (1992/1996), por meio das quais a mãe introduz a sexualidade, seduz e erogeniza o pequeno sujeito, permitindo assim a emergência do pulsional. A *implantação* corresponde ao processo comum, cotidiano, neurótico, e junto a ele encontramos, como sua versão violenta, a *intromissão*. Enquanto a implantação permite ao indivíduo uma recaptura viva, ativa, da sexualidade materna, a intromissão introduz um elemento rebelde a toda formação metabolizável. A intromissão implica um excesso traumático que deixa o psiquismo livre de uma fixação. Permanece como corpo estranho, como objeto bizarro que se re-intromete no eu, desorganizando-o, às vezes pulverizando-o, deixando-o à mercê da pura intensidade de significantes que, embora sexuais, não têm a marca do edípico da criança, mesmo que veiculem o Édipo materno. Essa invasão provoca uma amputação funcional do eu, impedindo sua função primordial, que é, segundo Freud, a de assegurar o quanto possível uma percepção unitária e relativamente constante de si mesmo diante do mundo exterior.

De acordo com Silvia Bleichmar (1993), o que caracteriza os significados inscritos por intromissão é sua impossibilidade de serem fixados a algum sistema pelo recalque, ainda que este seja eficiente para outros elementos no aparelho psíquico. Pela violência com a qual a sexualidade é implantada, impede-se a formação de vias de escoamento e derivação, e ficam janelas pelas quais essas representações avançam de forma desligada.

Os impulsos sexuais arcaicos próprios da primeira infância adquirem uma dimensão vertiginosa e aterrorizante – o corpo e o ser da criança foram suporte de um investimento abusivo, que se torna impossível de metabolizar e simbolizar. Há um acúmulo de energia que não encontra suporte numa representação. Aquilo que não foi suficientemente traduzido, decomposto e recomposto pela mãe em outras configurações passíveis de serem apreendidas não consegue derivar para o campo do fantasma. A sexualidade assim transmitida cria elementos sádicos e temores fusionais que permanecem desligados. Há aqui, portanto, outra forma de entendimento daquilo que na teoria kleiniana seria explicado como um aumento da pulsão de morte, considerada como inata. É na relação com o outro primordial que se origina a patologia do arcaico e a fundação do sujeito psíquico. É a mãe que, por uma falha na sua própria sexualidade, de elementos que nela própria resistiram ao processo de elaboração, os passa sem mediação para a criança, provocando uma tendência à repetição em ato do não elaborado. Por uma falha no processo de elaboração, transmitida transgeracionalmente, retorna no arcaico algo do indizível.

Esse esforço teórico nos serve para repensar o nível de efetividade na cura de condutas que não configuram verdadeiros sintomas. Tentar dar sentidos para esses medos, que não são substituição de nada, e sim a presença atual da angústia mesma, parece inútil. É por essa razão que pensamos na possibilidade de restaurar a situação originária no tratamento, para que, como sugere Laplanche, nos enfrentemos novamente com os primeiros enigmas da sedução originária, abrindo caminho para a possibilidade de realizar novas ligações – para, na verdade, criar algo novo onde faltou palavra.

Com esses pacientes, portanto, parece infrutífero querer interpretar sentidos recalcados existentes, como seria o habitual nas neuroses. É necessário que o terapeuta ofereça um aspecto ligador de sustentação. É preciso possibilitar uma recomposição produtiva a partir de um *ensemble* que integre os elementos que se filtram pelos buracos produzidos pelo afinamento da membrana – o que fez fracassar em parte o recalque primário – e invadem o eu, até que se encontre sua ligação com a representação-palavra, outorgando-lhes um sentido que talvez nunca tenham tido.

Tudo isso marcado e sustentado pela força da transferência.

Referências

Bleichmar, S. (1993). *La fundación de lo inconsciente*. Amorrortu.

Laplanche, J. (1996). *La prioridad del otro en psicoanálisis* (S. Bleichmar, Trad.). Amorrortu. (Trabalho original publicado em 1992).

Sigal, A. M. (1997). Dialogando com a psiquiatria. *Percurso*, *10*(19) 73-82.

Sigal, A. M. (2000). Francis Bacon e o pânico. In L. B. Fuks & F. C. Ferraz (Orgs.), *A clínica conta histórias* (pp. 217-230). Escuta.

3. Francis Bacon e o pânico: um estudo sobre o recalque primário[1]

Desejo iniciar estas reflexões lembrando algumas palavras de Freud (1917/1984b) em "Luto e melancolia": "A melancolia, cuja definição conceitual é flutuante mesmo na psiquiatria descritiva, se apresenta em múltiplas formas clínicas, cuja síntese em uma unidade não parece certificada" (p. 241).

Aqui, Freud nos alerta, mais uma vez, sobre a necessidade de tratar os fenômenos clínicos com todo o cuidado, conservando a complexidade que lhes é própria, desistindo de aprisioná-los numa nosografia totalizante. Mantendo esse espírito, inclino-me a pensar que o pânico aparece como manifestação clínica em quadros diversos e com origens diferentes.

Em outro texto (Sigal, 1997), abordei a questão do pânico num diálogo com a psiquiatria. Neste texto, os esforços se dirigem para a compreensão de por que certos fenômenos que a psiquiatria descreve como condutas de ordem puramente biológicas – como condutas sem história – podem ter outro estatuto a partir de uma

---

1 Uma versão anterior deste texto foi publicada em L. B. Fuks & F. C. Ferraz (Orgs.), *A clínica conta histórias* (pp. 217-230), Escuta, 2000.

escuta mais apurada, que torna visíveis cadeias associativas que encobrem/revelam a situação de origem. Nesses casos, o pânico surge como um sintoma propriamente dito, no qual o que se evidencia é alguma situação ligada a elementos recalcados secundariamente, enlaçados ao complexo edipiano.

Minha tentativa é a de adentrar a metapsicologia, pensando não mais nos casos em que o pânico aparece como produto do momento agudo de uma fobia, constituindo uma neurose histórica ou uma psiconeurose, mas sim nos casos em que o pânico aparece, como descrito pela psiquiatria, como uma série de fenômenos físicos sem uma ligação específica a algum acontecimento que os justifique, impedindo-nos de reconhecê-los como parte de uma inscrição significativa na vida do sujeito. Esses fenômenos seriam manifestações no corpo, aparentemente fora de toda rede de significação.

Minha hipótese, a partir da clínica com alguns pacientes que sofrem de pânico, é que a aparição desses signos somáticos é produto de uma invasão no eu de elementos arcaicos inscritos na psique, que se presentificam como corpos estranhos, sem possibilidade de tradução, devido a um fracasso do recalque primário, que deveria tê-los sepultado definitivamente.

Como Freud (1896/1986a) menciona na carta 52 a Fliess, de 6 de dezembro de 1896, porque fracassaram em sua possibilidade de ligação, esses elementos não favorecem nem facilitam a aparição da angústia-sinal, irrompendo como energia não ligada, determinando assim um colapso do eu, acompanhado de descargas neurofisiológicas e distúrbios na representação. Em outras palavras, há um desamparo do eu diante da invasão pulsional, um reencontro com o objeto-fonte da pulsão.

Entendemos que o objeto-fonte é decorrente da marca mnêmica depositada pela sexualidade pulsante da mãe. Na concepção de Laplanche, a criança recebe da mãe uma mensagem que apenas veicula energia, um *quantum* de excitação impossível de ser dominado pela compreensão da criança, mensagem sobre a qual se impõe um trabalho de simbolização, de tradução. Os restos não traduzidos são inconscientes, e são eles que correspondem ao objeto-fonte da pulsão.

Aventuro-me nessa análise porque entendo ser de fundamental importância ressituar na metapsicologia o estatuto da pulsão. A psicanálise avança por momentos na direção de uma dessexualização do infantil, mas também na direção de uma "despulsionalização" da teoria.

Diversas publicações (Cartocci, 1998; Pereira, 1997) vêm abordando o tema do pânico do ponto de vista do desamparo, seja o desamparo perante a falha materna em prover um *holding* adequado (Winnicott), seja o desamparo como horizonte insuperável da vida psíquica, que deixa transparecer uma falta fundamental, irremediável e intratável, implicação necessária da linguagem, uma vez que esta não tem a capacidade de dizer a última palavra sobre a verdade do ser (Lacan). Ambas as abordagens parecem interessantes. Não obstante, tentarei sugerir mais uma ideia nesse vasto caleidoscópio que nossa disciplina apresenta. Vou focalizar a ideia do desamparo diante de uma invasão pulsional, a qual produz momentos de falência do aparelho psíquico.

Para introduzir o tema, vou me valer de uma experiência estética, uma vez que foi num encontro com Francis Bacon, numa retrospectiva de sua obra, que as primeiras ideias vieram à tona. Observando a obra do pintor, em contato com a perplexidade que me produzia o impacto estético pelo uso da cor e da forma, uma ideia me assaltava: "Aqui se vê mais do que pode ser visto", ou "Aqui se vê mais do que pode ser dito, do que pode ser posto em palavras". Entendo que o pintor vê mais e nos faz ver mais, ou seja, estamos perante uma forma de expressão em que as palavras não conseguem capturar tudo o que a imagem pode nos transmitir.

Diria que na obra de Bacon há mais representação-coisa, e que lhe falta representação-palavra, como se falássemos de diferentes momentos da constituição do aparelho psíquico. Diante da tela, eu pensava, sentia, que tal obra é pura sensação, que faz emergir algo do irrepresentável, algo que só o artista é capaz de capturar. Ao mesmo tempo que aparece a superfície da pele, aparece a carne, as vísceras, o osso, o buraco, o rosto e os rostos, a morte e a sexualidade. Há um adelgaçamento que se apresenta na ausência das diferentes membranas que definiriam os distintos territórios.

Em Bacon, a carne é um tema que insiste num real do corpo quase impossível de simbolizar – a carne como Eros e Tânatos, como sexualidade, sensualidade e morte. A carne como reses de bois mortos, a carne dos amantes entrelaçados num só corpo, que tem algo de humano e de animal na mesma forma.

Os deslizamentos entre rostos humanos e figuras de animais fazem com que um possa substituir o outro, num movimento imperceptível de transformação que nos surpreende e nos pega desprevenidos. Essa sensação de algo que se transforma sem fronteira pode levar-nos da sensualidade ao horror.

Algo que aparece como pura presença nos conduz às origens das primeiras marcas, em que o inconsciente ainda não está constituído como sistema. Há algo de brutal e refinado que permanentemente se troca entre um e outro, até o infinito, dado pela ideia de movimento que o artista imprime na tela. Por momentos, a pintura de Bacon nos parece uma janela sobre o inconsciente – esse inconsciente arcaico, originário, não constituído pelo recalque secundário, mas pelas marcas primeiras, traços na tela, atemporais, não ordenados em função duma lógica do espaço-tempo, como se daria no processo secundário.

Ao referir-se a algumas imagens de Bacon, Deleuze (1981/2007) afirma que "o contorno é como uma membrana percorrida por uma dupla troca. Alguma coisa passa nos dois sentidos. Se a pintura não tem nada a narrar, nenhuma história a contar, mesmo assim algo se passa, definindo o funcionamento da pintura" (p. 20).

Essa descrição me remete ao conceito freudiano de representação de coisa. Em outra passagem, o autor diz: "Presença, presença é a primeira palavra que ocorre diante de um quadro de Bacon. . . . Presença ou insistência. Presença interminável" (p. 57). A presença se faz insistência interminável porque essa membrana tênue apresenta pontos em que se dilui, em que o recalque que sela, que fixa os representantes pulsionais ao inconsciente, impedindo sua saída e possibilitando que apareça algo da pura marca, fracassa.

É importante que, neste ponto, possamos rever certas elaborações para adentrar um tema tão polêmico, que ocupa grande parte das preocupações teóricas atuais: o conceito de signo de percepção, traço, inscrição e representação. Lembremos que na carta 52, na qual Freud (1896/1986a) teoriza sobre as primeiras inscrições, ele diz que de tempos em tempos o material preexistente sofre um reordenamento segundo novos nexos, isto é, há uma retranscrição do material preexistente. Freud observa que, na fase inicial, a percepção é ligada à consciência. Entretanto, enquanto não há permanência de traço, não há registro de memória. O signo de percepção (*Wz*) pertence à consciência. Quando se transforma em traço, como marca mnêmica, corresponde ao inconsciente. No entanto, memória e percepção se excluem. Nesse primeiro registro dos traços, decorrentes dos signos de percepção, os nexos são de simultaneidade e incapazes de chegar à consciência. Por detrás do sistema perceptivo, Freud supôs a existência de sistemas mnêmicos que transformam as percepções passageiras em traços de memória permanentes (representação-coisa). Há então uma segunda retranscrição, inconsciente, ordenada talvez segundo nexos causais, sendo somente na terceira retranscrição que se ligam à representação-palavra – que corresponde a nosso eu oficial e que é pré-consciente. Esses traços da representação-palavra poderão ser inconscientes posteriormente, se sofrerem o efeito do recalque secundário.

Inscrição e fixação não são sinônimos, mas Freud os utiliza indistintamente, dando ao conceito de fixação, como aponta Garcia-Roza (1995), um sentido genético, e ao conceito de inscrição uma referência tópica. Freud insistirá na noção de traço (*Spur*). Dirá que as inscrições são a forma pela qual os traços mnêmicos se conservam no aparelho psíquico. O traço já é uma imagem, não como reprodução do objeto, mas como representação-coisa. Serão as marcas mnêmicas que permanecerão como efeito da impressão. Os traços têm uma inscrição em diversos sistemas e não são estáticos. Eles facilitam os caminhos tomados pelo fluxo de excitação nesse aparelho de memória. A memória e os traços mnêmicos não pertencem ao mesmo sistema. A memória pertence ao eu, e os traços, ao inconsciente. Há uma permanente mobilidade, tanto nos investimentos quanto nas sucessivas retranscrições. Chamaremos *representação* ao investimento do traço mnêmico, e *representante-representação* ou *representante ideativo* (*Vorstellungreprasentanz*) ao que representa a pulsão no campo da representação.

Entendo que, uma vez que há inscrição psíquica, há algum tipo de representação, ou seja, o traço é uma imagem, mesmo que não seja de objeto, mesmo que esta não implique grande complexidade, mesmo que seja representação-coisa. Piera Aulagnier (1975/1977) situa essas primeiras marcas caracterizando as representações como pictogramáticas e como parte do inconsciente originário. Nessa fase, deve-se postular a coexistência de uma representação de afeto.

Tomando a teoria pulsional no "Projeto para uma psicologia científica" (Freud, 1950[1895]/1986c) e na carta 52 (Freud, 1896/1986a), entendemos a representação como expressão psíquica da excitação somática. Apesar das mudanças, vemos que a teoria das inscrições continua vigente em 1937, em "Construções em análise"

(Freud, 1937/1986b). Sua proximidade com o soma poderia confundi-la com a pura sensação ou intensidade, mas postulamos que, para a representação pertencer ao "sistema psi", é preciso que se processe a passagem por alguma espécie de comutador, que a transforme em outro tipo de produto, passível de ser integrado ao novo sistema. Se insistirmos na ideia de que esses processos são da ordem do somático, que lugar daremos ao representante psíquico? Como poderia um psicanalista trabalhar com tais processos? No entanto, pensamos que se trata de pequenos fragmentos inscritos no aparelho psíquico, que se ligam por continuidade ou contiguidade, e que só *a posteriori*, a partir de elementos mais complexos, é que constituirão uma cena. Quando isso acontece, estamos na presença do fantasma. As representações inconscientes estão dispostas em forma de fantasmas, cenários imaginários, aos quais a pulsão se fixa, transformando-se em verdadeiras cenificações do desejo.

No caso do pânico, seriam as marcas ou representações muito primitivas, próximas da pura sensação, que, ainda não integradas em sistemas mais complexos, emergiriam no eu como corpos estranhos, aludindo a algo referido como angústia automática. São esses restos sem tradução, ou seja, os restos não ligados, aqueles que não encontraram retranscrição até se ligarem com a representação-palavra, que formarão parte desse recalcado originário.

Laplanche (1981/1987) manifestou sua preocupação – insistindo nas afirmações de Freud (1915/1984a) no final de "O inconsciente" – em relação a essas inscrições primeiras e as definiu como *representação-coisa*, e não *de* coisa (*Sachvorstellung*). Para acentuar que nesse estágio não há diferenciação entre a coisa e sua representação, diz que toda referência à coisa mesma se perdeu. São esses fragmentos de representações – marcas com grande intensidade emocional, traumáticas, inscritas no inconsciente originário – que, por uma falha no recalque, emergem. Isso permite a presença de algo que deveria permanecer oculto, afastado da consciência, já que não tem possibilidade de derivação adequada. É a qualidade da representação – tão primitiva, tão próxima da sensação – e sua intensidade – próxima do afeto puro – que impedem a atuação da angústia-sinal, que anteciparia ao eu algo a respeito do risco de falência. Lembremos que, no originário, a representação do afeto e o afeto da representação são indissociáveis. Se já houvesse uma ligação com a palavra, seria possível fazer uma derivação bem-sucedida dessa pulsão, seria possível um deslocamento que afastasse o temido, em um movimento metonímico ou metafórico, constituindo sintoma.

Essa situação, pelo contrário, nos põe em contato com a angústia catastrófica do não ligado, algo que escoa por um buraco, algo que escapa, pois aquela marca que tem inscrição primeva aparece por meio de uma falha no recalque primário, como nas telas de Bacon, em transformação contínua, visto que os sucessivos diques que implicariam esforços de tradução estão ausentes. A presença simultânea na tela da pele e dos ossos, da carne e das vísceras, se presentifica pelo não sentido e nos invade como se fosse pura sensação e intensidade. Perde-se a espessura, e tudo se faz presente em uníssono. O arcaico se faz atual.

Uma situação clínica que tem se repetido com frequência em diversos pacientes tomados pelo pânico me chamou a atenção. Sendo impossível, num primeiro momento, encontrar referências para os sintomas físicos, ao mesmo tempo que o paciente insiste em não ter conteúdos associados às sensações, alegando não ter imagens que lhe permitam estabelecer significações, começam a aparecer, a partir de uma palavra oferecida, rápidas imagens regressivas, que passam quase sem ter registro, sem nexo, justapostas, como nas telas de Bacon. Um paciente relata ter sido informado de que o filho está com uma febre banal. Tempos depois, começa a ter tremores, taquicardia, suores e sensações epigástricas, com a certeza de que está sofrendo um ataque cardíaco e de que pode morrer. Quando foi possível fazer uma reconstrução que lhe oferecia elementos para poder simbolizar, a *tela-paciente* se montou da seguinte forma: diante de uma febre leve do filho, aparecem, num mesmo plano, febre, meningite, fracasso médico, doença, morte, flores, um pequeno caixão, enterro do corpo do filho no frio da terra, noite, escuro, chuva sobre o cadáver, putrefação, palpitações, suores, cheiros de morte. Pânico, pânico no corpo-mente, pelo que não pode ser pensado, mas aparece como presença. Tudo se faz presente como numa única cena no momento em que, numa virada imperceptível da membrana que se afina até desaparecer, se presentifica aquilo que deveria ficar recalcado. Há sempre um sentimento catastrófico. Morte como aniquilamento por uma invasão pulsional que avança desligada.

Emerge algo de um traumático que, independentemente do conteúdo, deixa o paciente à mercê do mundo pulsional, quase como quando ele se dá nos primórdios, quase no limite entre o físico e o psíquico, sem proteção possível. É interessante destacar que os primeiros a aparecer são os signos somáticos. As associações são produto de um árduo trabalho, construídas *a posteriori*.

A partir de certo momento, já não se encontram palavras. Surgem apenas imagens sobrepostas, sem fronteiras, e estas se traduzem em sensação corporal. Imagens que, sem responder a lógica alguma, insistem, provocando efeitos de suor, taquicardia, angústia incontornável – marcas que evocam a sensação. Algo que deveria permanecer recalcado acabou avançando desligado e vazando, sem que fosse possível criar uma formação de compromisso que desse origem ao que chamaríamos de um sintoma clássico, mediando entre o inconsciente e o eu.

O terror, como diz Silvia Bleichmar (1993), não remete à castração, mas põe em jogo elementos de aniquilamento que são a própria representação possível da morte no inconsciente. O sujeito se confronta com o desamparo. Morte não como nirvana, mas como pulsão desligada.

No *Retrato de George Dyer andando de bicicleta* (Bacon, 1966), podemos ver a força do movimento e a transparência da figura, que na tela mostra muito mais do que os olhos nos permitiriam ver: camadas sucessivas, superfícies diferentes, com profundidades diversas, num mesmo plano. Roupa, pele, ossos, a estrutura da bicicleta sobreposta à estrutura do esqueleto. O destaque de um olho que olha para dentro de si próprio e para o outro.

Lógica do processo primário, no qual, como diz Freud (1900/1979) no capítulo 7 de *A interpretação de sonhos*, o tempo advém do espaço e os sistemas têm um ordenamento por simultaneidade que constitui espacialidade. O inconsciente mesmo não lembra. As marcas mnêmicas são – e ponto. Quando elas se presentificam todas de uma vez, isso significa que algo que deveria ter selado o recalque primário não o fez com sucesso total. No entanto, desejo ressaltar que são falhas, e não a ausência desse "algo" na instauração do recalque primário, porque, se assim fosse, estaríamos na presença de uma psicose (Cordié, 1984).

Na obra de Bacon são produzidos processos de investimento que fluem sem cessar. Não estamos procurando o osso, porém o vemos. As coisas aparecem sem que as procuremos, nos assaltam. O recalque secundário, que possibilitaria uma descarga na forma de uma formação de compromisso, também falha. É nesse sentido que entendo que o conceito de sintoma como formação do inconsciente não chega a dar conta do fenômeno do pânico ao qual me refiro nesse caso. Inclino-me a pensar que, nos sintomas clássicos, como a psicanálise os caracteriza, estamos na presença de falhas no recalque secundário, e nos fenômenos como o pânico estamos diante de *defeitos* no recalque primário. O pânico, nesses casos, aparece como um fracasso na possibilidade de constituir uma fobia, de desenvolver um mecanismo evitativo do temido. Pelo contrário, haveria um efeito regressivo: o de ser sugado por algum elemento do inconsciente originário que opera como um ímã e que, por sua vez, emerge, avança, visto que o recalque primário apresenta falhas. Como nas telas de Bacon, a regressão e a progressão se confundem em um movimento único.

Com frequência, além dos efeitos do recalque, pensamos também nas formações do inconsciente – chistes, lapsos, sintomas, sonhos etc. – pelas quais o recalcado tenta se fazer consciente, como forma de retorno do recalcado. Hoje estamos considerando os efeitos que certas representações desligadas produzem – representações que perderam toda a referência com a coisa mesma porque *são* a coisa mesma, e que invadem a consciência sem a possibilidade de que sejam levantados diques, ou seja, sem que se efetuem os recalques necessários. Uma ligação que não se produz opera como traumática e provoca efeitos diretos de descarga no corpo, como se vê no exemplo citado. É assim que estamos revendo a psicopatologia, aprofundando conceitos metapsicológicos e mecanismos que estão sendo mais estudados atualmente. Recusa, negação, forclusão e recalque primário merecem novas abordagens.

O recalque não é somente um mecanismo pelo qual se marca o empobrecimento do sujeito mediante a subtração de algo da consciência e que desfalca o eu. O recalque é também um mecanismo estabilizante e estruturante do psiquismo. Estabilizante porque permite manter certo equilíbrio ao evitar a emergência de conteúdos inaceitáveis, seja pela impossibilidade de ligá-los, a partir da perspectiva da primeira tópica, seja como resultado do recalque por instâncias superiores, a partir da segunda tópica. Se o recalque não funcionasse, a integridade do aparelho psíquico ficaria em risco. O recalque é também estruturante e fundante do inconsciente, uma vez que permite uma organização, uma clivagem anterior à qual não havia inconsciente. Laplanche (1981/1987) diz: "Estado sem inconsciente, do qual uma parte de nossa primeira infância poderia dar alguma referência" (p. 88).

O recalque originário deve, portanto, ser compreendido como uma clivagem inicial que cria a distinção tópica (Laplanche, 1981/1987), gera um *topos* para essas representações que deveriam permanecer para sempre alheias ao sujeito. Ao mesmo tempo que recalca, inaugura a divisão consciente-inconsciente. É num só e mesmo ato – o recalque originário – que a pulsão se fixa num representante e o inconsciente se constitui. Produz-se uma fixação da pulsão a uma representação, e a partir de então o representante em questão permanece inalterado, comportando-se *como se* fosse recalcado. Entretanto, não há ainda recalcado, porque não há divisão entre sistemas. Esse primeiro momento passivo do recalque corresponde à implantação dos objetos-fonte da pulsão, inscritos num estatuto de espera. O segundo momento corresponde à tentativa da criança de ligar essas representações. Nesse segundo momento, há uma reativação dos significantes, que se transformam em atacantes internos e que a criança deve tentar ligar. O fracasso dessa tentativa, que, se bem-sucedida, derivaria nas teorias sexuais infantis, faz com que representações-coisa permaneçam isoladas, fora de comunicação e de significação. Produz-se uma falha na membrana que opera como contenção, e algo que faz parte desse inconsciente arcaico aparece, não mais a partir de um sentido, mas de uma emergência ou presença. Isso possibilita que se veja o que não deveria ser visto.

É importante assinalar que Freud trata de encontrar, de modo preciso, a marca desses *acontecimentos primeiros,* mesmo sabendo que eles, por definição, são inacessíveis e só se manifestam a partir do recalque secundário. Para que o recalque secundário se instale, é necessária a existência desses conteúdos recalcados primários, que atuam como um ímã, que atraem ou sugam os conteúdos posteriores para serem submetidos ao recalque. Nessa medida, o recalque originário é a primeira inscrição e a primeira fixação. Essas primeiras marcas, anteriores à formação dos sistemas, já podem ter a conotação descritiva de inconsciente, mas não pertencem a ele como sistema, não pertencem ao isso. Como insiste Silvia Bleichmar no decorrer de sua obra, os tempos do recalque primário são os tempos do sepultamento do autoerótico, e os tempos do recalque secundário são os tempos do sepultamento do edípico, por meio do qual seriam instaladas as instâncias ideais encarregadas de selar a saída do inconsciente. Diferentemente do recalque secundário, no qual a representação já foi alguma vez consciente e depois recalcada, no recalque primário ela nunca foi consciente. O recalque secundário tem de consolidar o originário para que este se estabeleça verdadeiramente.

Podemos dizer, então, que a emergência desses conteúdos que aparecem no pânico é possível porque há processos que falham em determinado momento. Em primeiro lugar, pode ser uma falência do contrainvestimento, que, como sabemos, é o único mecanismo que Freud (1915/1984a), em "O inconsciente", encontra como explicação para o recalque primário. Esse contrainvestimento representa um gasto constante de energia que garante a permanência dele. Em segundo lugar, é possível que tenha acontecido um déficit nos mecanismos que selam esse recalque, por conta do recalque secundário.

No mesmo trabalho, Freud diz ser plausível que as causas que produzem os recalques originários sejam fatores quantitativos com uma excessiva força da excitação, incluindo aqui o aspecto econômico, que completa sua metapsicologia. Tendo isso em mente, entendo que a causa originária desses transtornos pode estar relacionada com a forma pela qual a sexualidade foi implantada nesses bebês, que hoje, adultos, são atacados pelo pânico.

Para desenvolver essa questão, lembrarei, seguindo Laplanche (1981/1987), que a sexualidade chega ao bebê implantada pelo outro dos cuidados maternos. Os significantes trazidos pelo adulto encontram-se fixados na superfície, na derme psicofisiológica de um sujeito no qual a instância inconsciente ainda não está diferenciada. Tais significantes são recebidos passivamente, e é ali que operam os primeiros mecanismos de tradução, cujos restos são o recalcado originário.

A mãe é quem seduz e erogeniza o pequeno sujeito, implantando desse modo a pulsão. Ela o faz por meio de duas modalidades que são destacadas no pensamento de Laplanche: a *implantação* e a *intromissão*. A primeira pertence ao processo cotidiano e se encontra na forma como a sexualidade se presentifica na neurose. A segunda é uma versão mais violenta que a primeira, uma forma pela qual a sexualidade não elaborada da mãe se faz carne no sujeito. Se a implantação permite uma recaptura viva, ativa, da sexualidade materna, entrando num circuito que pode ser metabolizado pelo bebê sem deixar traumas não elaboráveis, a intromissão se exerce como violência que inocula um corpo estranho, o qual permanece intocável e não passível de elaboração. A sexualidade materna funciona como um objeto bizarro que se reintromete no eu, desorganizando-o, às vezes pulverizando-o, deixando-o à mercê da pura intensidade de significantes que não têm a marca do edípico na criança, mesmo que decorram do Édipo materno, tendo em conta que não sofreram elaboração na mãe, que os enjeita com uma modalidade que impede associação e encontro com outras representações que permitiriam à criança transformá-los em fantasia. Segundo Silvia Bleichmar (1993), a característica dos significados inscritos por intromissão é sua impossibilidade de serem fixados a algum sistema pelo recalque, mesmo que este opere em outros elementos do aparelho psíquico. Pela violência com a qual a sexualidade foi implantada, impede-se a formação de vias de escoamento e derivação, mas abrem-se janelas pelas quais essas representações avançam numa forma desligada.

O terror que sofre o adulto, diante da violência da morte do filho, é de fato um reencontro com as sensações de morte da invasão pulsional infantil, agora projetadas na criança.

Nas mensagens enigmáticas originárias, há elementos que são simbolizáveis e outros que não o são. Os não simbolizáveis retornam de um recalcado originário sem mediação, comprometendo a psique e o corpo. Entendemos que retorna na psique a representação dos estímulos originados no corpo e que alcançam o espírito, numa exigência de trabalho do aparelho psíquico como consequência de sua ligação com o corporal. Isso talvez explicite a grande dificuldade e a ambivalência que nós temos para dar conta dos processos metapsicológicos dessas inscrições. Uma questão que se apresenta como inadiável se refere à relação dessas especulações metapsicológicas com a clínica. O que nos dizem sobre nosso fazer cotidiano?

Por não serem o caso típico das neuroses, nas quais trabalhamos mais com o recalque secundário, nesses pacientes não funciona de forma operativa a interpretação do sentido de lembranças recalcadas. Necessitamos criar sentido. Propomos que o terapeuta favoreça uma recomposição produtiva a partir de uma rede que possibilite integrar os elementos que se filtram pelos buracos ou afinamento das membranas do recalque primário, invadindo o eu. Permite-se assim que essas representações desligadas alcancem uma ponte que as una à representação-palavra, a fim de encontrar um sentido que nunca existiu.

Os caminhos da cura não são linearmente regressivos. Há recomposição produtora. Podemos liberar certas inscrições do isolamento e outorgar-lhes sentido, produzindo um reengendramento a partir do traumático. Onde não há história possível de ser contada, é necessário criá-la. Onde se vê demais, é necessário trabalhar com o paciente para oferecer elementos que lhe permitam elaborar e simbolizar o insuportável desse encontro com o real. A pintura, que em Francis Bacon emociona e comove como transparência, em nós pode produzir terror.

Referências

Aulagnier, P. (1977). *La violencia de la interpretación: del pictograma al enunciado* (V. Fischman, Trad.). Amorrortu. (Trabalho original publicado em 1975).

Bacon, F. (1966). *Retrato de George Dyer andando de bicicleta* [Pintura]. Fundação Beyeler.

Bleichmar, S. (1993). *La fundación de lo inconsciente*. Amorrortu.

Cartocci, L. (1998). Pânico, pane... Um divã para a queda. *Percurso*, *11*(21), 16-22.

Cordié, A. (1984). La represión primaria en un caso de psicosis infantil. In A. Cordié, R. Lefort, R. Lefort, P. Lemoine, J.-A. Miller, M. Silvestre & C. Soler, *Clínica bajo transferencia: ocho estudios de clínica lacaniana*. Manantial.

Deleuze, G. (2007). *Francis Bacon: lógica da sensação* (R. Machado, Trad.). Zahar. (Trabalho original publicado em 1981).

Freud, S. (1979). La interpretación de los sueños. In S. Freud, *Obras completas* (J. L. Etcheverry, Trad.; Vols. 4-5). Amorrortu. (Trabalho original publicado em 1900).

Freud, S. (1984a). Lo inconsciente. In S. Freud, *Obras completas* (J. L. Etcheverry, Trad.; Vol. 14, pp. 153-214). Amorrortu. (Trabalho original publicado em 1915).

Freud, S. (1984b). Duelo y melancolía. In S. Freud, *Obras completas* (J. L. Etcheverry, Trad.; Vol. 14, pp. 235-356). Amorrortu. (Trabalho original publicado em 1917).

Freud, S. (1986a). Carta 52. In S. Freud, *Obras completas* (J. L. Etcheverry, Trad.; Vol. 1, pp. 274-279). Amorrortu. (Trabalho original publicado em 1896).

Freud, S. (1986b). Construcciones en el análisis. In S. Freud, *Obras completas* (J. L. Etcheverry, Trad.; Vol. 23, pp. 255-270). Amorrortu. (Trabalho original publicado em 1937).

Freud, S. (1986c). Proyecto de psicología. In S. Freud, *Obras completas* (J. L. Etcheverry, Trad.; Vol. 1, pp. 323-446). Amorrortu. (Trabalho original publicado em 1950[1895]).

Garcia-Roza, L. A. (1995). *Introdução à metapsicologia freudiana*. Jorge Zahar.

Laplanche, J. (1987). *Problemáticas 4: el inconsciente y el ello* (S. Bleichmar, Trad.). Amorrortu. (Trabalho original publicado em 1981).

Pereira, M. E. C. (1997). O pânico e os fins da psicanálise: a noção de "desamparo" no pensamento de Lacan. *Percurso, 10*(19), 29-36.

Sigal, A. M. (1997). Dialogando com a psiquiatria. *Percurso, 10*(19) 73-82.

4. A formação do eu: um estudo para ler o estádio do espelho[1]

Este trabalho se propõe a oferecer elementos para facilitar a leitura do texto "O estádio do espelho como formador da função do eu". Lacan o apresenta pela primeira vez no 14º Congresso Internacional de Psicanálise, em Marienbad, 1936; logo o retoma e o apresenta no 16º Congresso Internacional de Psicanálise, em Zurique, 1949. Nesse texto, Lacan propõe elementos para pensar a constituição do eu, trabalhando o fenômeno pelo qual uma criança reconhece sua imagem no espelho, fenômeno que se dá por volta dos 6 meses de idade. É a partir do movimento que se produz entre a criança e sua imagem refletida no espelho que se logrará a constituição de um eu unificado ortopedicamente.

A imagem virtual, inexistente como realidade (já que ao se retirar o espelho ela desaparece), serve como primeira identificação de um si mesmo. Nessa imagem, a criança se aliena, fazendo desse eu a sede do desconhecimento. Embora no texto de Lacan encontremos reiteradamente a palavra *je*, nos deparamos com uma

1 Trabalho apresentado no seminário "As diferentes teorias sobre a constituição do sujeito e suas consequências na clínica", promovido pelo Departamento de Psicanálise do Instituto Sedes Sapientiae, em 2001.

dificuldade. A edição brasileira, em nota, esclarece que se trata do eu como *je* (sujeito do inconsciente). Na verdade, para nós, Lacan está se referindo à constituição do *moi*, porque é uma tentativa de elaboração de uma teoria que dê conta do primeiro esboço de eu, que se constitui como eu ideal e tronco das identificações secundárias, sede do narcisismo.

Pensamos que, apesar de Lacan já haver começado a esboçar a diferença entre *je* e *moi*, em 1949 ainda não os diferenciava claramente. Lembremos que, naquela época, na psicanálise francesa, era frequente traduzir *Ich* por *je*.[2] O *je* e o *moi* são duas articulações possíveis do *Ich* (eu). Separa-se o sujeito que fala do sujeito como instância narcísica.

O *je* é o sujeito da oração, o que fala na primeira pessoa do singular. A criança demora muito mais tempo para poder dizer o eu do *je* do que o mim (*moi*). Ela diz "Neném quer água" ou se denomina pelo nome antes de dizer o eu: "Sussu gosta de cachorro". Mas pode dizer antes: "Dá pra mim". O eu (*moi*) se constitui sobre a imagem do próprio corpo. O corpo do recém-nascido apresenta um caos interoceptivo, transbordado em sensações incoordenadas, que configuram um corpo fragmentado.

O eu é efeito de uma imagem, efeito psíquico de uma imagem virtual de si, que o produz, o que não é dizer pouco. Estudaremos como a imagem vem para pôr uma ordem nesse caos sensorial. Veremos de que modo, quando o bebê se olha no espelho, rebota (a partir do espelho) a imagem tranquilizadora de uma integração que acalma, alegra, produz júbilo a esse bebê em caos.

Que promessa! Logo você será assim, será Um, integrado, dominará um corpo que você não domina. Ele se constituirá em Um a partir da imagem. Portanto, ela antecipa algo, é constituinte de

2 Alguns autores propõem traduzir o *je* como eu formal, diferenciando-o do *moi* (eu), substantivo.

uma unidade que ainda não existe. Essa imagem de unidade escapa permanentemente, e a criança corre atrás dela, tenta capturá-la, fixá-la, e acaba sendo capturada nela. O estádio do espelho aparece como uma matriz simbólica da constituição do eu, desenhando um primeiro esboço da subjetividade. Lembremos que Lacan indica diferenciar esse eu do *cogito* cartesiano. O eu ao qual vamos nos referir pouco tem a ver com dar ao eu um lugar de saber-pensar ou para existir. Esse eu não está centrado na relação percepção--consciência, lugar de síntese, autonomia, clareza, permanência. Desse último eu trata a fenomenologia, as terapias que pensam o eu como lugar de conhecimento. Enquanto nós sabemos que o eu do qual estamos falando é o eu do desconhecimento, do imaginário. Um eu falsário, que nos ilude diante de uma completude que encobre a fragmentação.

Se o eu se conforma com o que o espelho lhe mostra (aquilo que antecipa), permanece fixado num lugar de miragem. Pensemos num sujeito no deserto: ele vê uma miragem, se ilude achando que tem um paraíso, um oásis que acalmará sua sede, mas, na verdade, onde vê um lago e palmeiras não há nada, não há mais que uma imagem virtual que permite continuar em frente e não desistir por sede. Qual é o oásis que o *infans* enxerga na sua imagem ilusória?

Pensemos, como dizíamos, no desconforto de não poder se apropriar dos movimentos, não poder coordená-los. Pensemos no desamparo vivido por esse acontecer incoordenado do próprio corpo, que impede o bebê de alcançar, pegar, tomar aquilo com o que acalmaria uma necessidade. Ele não pode, por falta de maturidade neurológica, dar conta de seus movimentos, de seu corpo. A prematuração deixa a criança na dependência absoluta dos outros: para olhar-se, ela deve ser sustentada, precisa de um suporte, um andador, um adulto.

Lacan diz que o bebê supera os entraves desse apoio para resgatar um aspecto instantâneo da imagem. Esquece que é sustentado, olhado a partir do Outro, a mãe, para poder se ver por um momento como integrado. Mas essa boa forma que ele encontra no espelho, que o alegra e tranquiliza, tem inúmeros desdobramentos na formação da subjetividade. Não só o acalma. Deixa marcas, marcas profundas sobre as quais se constituirá a matriz da subjetividade. A criança experimentará uma tensão diante da imagem que o espelho lhe devolve, uma tensão entre a imagem unificada do corpo e a impotência motora. Cria-se uma tensão agressiva, uma rivalidade entre a imagem unificada e a falência motora – entre o corpo fragmentado e o outro de si, sua própria imagem no espelho.

Essa rivalidade é vivida como ameaça de fragmentação pelo poder unificador e pela fascinação perante a imagem. O *infans* rivaliza consigo mesmo, tensão entre o corpo fragmentado e a imagem unificada, agressividade em jogo, que num primeiro momento é de si para com a imagem de si, e depois será de si para com outra criança semelhante. O terror de perder a imagem unificada faz o *infans* se debruçar sobre a antecipação de sua unidade, como se dissesse: "Antes de estar fragmentado, me debruço e me transformo na imagem, roubo à imagem seu lugar e me coloco no lugar dela". Isso é o que Lacan chamará de *libido erótico-agressiva.*

Júbilo, alegria, rivalidade, agressividade, tensão diante da imagem, elementos esses que acompanham os processos escópicos. Vejamos um pouco mais essa incoordenação motora que é marca da espécie humana quando nasce.

A cria de homem tem uma maturidade neurológica parcial. Não tem mielinização dos fechos piramidais, razão pela qual não consegue coordenar seus movimentos. Quando mieliniza o córtex e pode reconhecer sua imagem no espelho, ainda não coordena os movimentos. Nesse sentido, tem uma verdadeira condição de desvantagem diante de outras espécies.

Lacan, no texto de que nos ocupamos, menciona a condição de desvantagem do filhote de homem em relação ao filhote de chimpanzé, no que diz respeito à coordenação e à inteligência instrumental. A psicologia comparada[3] mostra que o chimpanzé, por um curto espaço de tempo, supera em inteligência instrumental a cria humana (Köhler, 1927). Quando percebe sua imagem, o chimpanzé passa a mão atrás do espelho. Ao não encontrar nada, parece decepcionado. No entanto, recusa-se obstinadamente a interessar-se por isso. A imagem aparece e se esvanece com rapidez. Não acede ao conhecimento da imagem. Ela não o prende, desaparece logo. O estranho é que o chimpanzé, que não se reconhece no espelho, parece reconhecer-se quando uma fotografia de si mesmo lhe é apresentada.

Essas condutas contrastam com as da criança enfrentada ao espelho. Ela reconhece o outro no espelho antes do que a própria imagem especular. A criança dá um sorriso à imagem do pai, por exemplo. No espelho, ela o reconhece, mas se estranha quando o pai lhe fala. Volta-se para ele com surpresa. Não havia até então percebido uma diferença entre a imagem e o modelo. Nesse momento, alguma coisa acontece: a criança apreende algo novo. Não se trata de uma simples educação. Algo começa a acontecer na relação modelo-imagem, sem que se tome posse ainda dessa novidade.

Nesse primeiro momento, parece que a imagem tem existência própria. A criança reconhece o pai de um modo prático. Por que reconhece o semelhante, o pai no espelho, mas não é capaz de se reconhecer? A criança dispõe de duas imagens visuais dos pais: a do espelho e a deles próprios. Mas de si própria só dispõe de uma imagem completa: a de seu corpo no espelho. Ela não consegue olhar o próprio corpo. Seu corpo é visível para um outro, no lugar

3 Comentários tomados do curso "As relações com o outro na criança", de Maurice Merleau-Ponty, na Sorbonne.

onde nela estão suas sensações proprioceptivas. O Outro a vê como integrada, e a vê também no lugar de seu ideal. Essas aquisições não são intelectuais; mediam o processo de identificação.

Os adultos projetam um futuro para a criança. A criança encontra no espelho várias coisas. Por um lado, a identificação imaginária com o falo materno. Por outro, com sua integridade inexistente, mas pelo olhar do Outro, encontra aspectos do ideal do eu. É nela que se depositam projetos do que se é ou do que se gostaria de ter sido. É também a partir do olhar do Outro que ela se constitui. Para que haja essa precipitação, esse submergir-se na imagem, é necessário que exista algo previamente, isto é, a matriz simbólica.

O caso não é tanto se olhar no espelho. A questão é se olhar num espelho no qual essa imagem está sustentada pela mirada do Outro, o primeiro Outro simbólico, que é a mãe. A matriz simbólica parte do desejo da mãe. É a castração da mãe que dá ao outro, seu filho, o lugar de falo imaginário. Vejamos a complexidade dessa miragem especular.

Nela se antecipa o que a criança desejaria ter: coordenação motora, unidade, integração, domínio de si; o que ela desejaria ser: o falo imaginário que completaria a mãe, a partir do que a ela (mãe) lhe falta, se submetida à castração. É também lugar do ideal, do supereu parental – lugar em que se projetam aspirações e esperanças. É a partir do ideal do eu (no simbólico) que se regula a estruturação imaginária do eu (*moi*).

Descrever esse processo se faz necessário para entender por que Lacan diz que esse efeito da imagem, longe de se esgotar – como no caso do macaco, uma vez que adquire o controle –, repercute na criança numa série de gestos que ela experimenta com alegria e ludicamente em relação aos movimentos adquiridos, modificando seu próprio corpo, sua relação com os objetos próximos e sua relação com as pessoas. Essa é a função fundante do estádio do espelho, já que ele é revelador do dinamismo libidinal. Entendamos melhor como isso acontece.

A imagem do corpo no espelho funciona como disparador da libido, que circula do corpo à imagem, da imagem ao eu e ao mundo. Produzem-se efeitos de rebote entre essas instâncias a partir da imagem. Dispara, veicula e fixa a libido. A imagem que interessa não é a imagem na sua objetividade, mas nos atributos conferidos a ela. Imagem que provê unidade, volume, corporeidade. Imagem que garante uma unidade do desunido. Imagem que é a articuladora e que ocupará um lugar que o corpo ainda deixa vacante. O corpo é uma coisa, e a imagem desse corpo, outra.

Imagem que permite antecipar no nível psíquico a futura unidade do corpo. Imagem que supera a discordância entre o avanço do psíquico e o lento organizar-se do orgânico. Como não ficar encantado com essa promessa de domínio futuro do corpo? Como não se fixar nessa imagem? A defasagem entre *Innenwelt* (o sujeito) e *Umwelt* (o mundo), essa relação entre o ser e a realidade, é o que Lacan considera na fase do espelho.

Por que a imagem tem tanta importância? Que imagem é essa? Por que o olhar, a mirada, a função escópica tem tanta importância? Como se sabe do ambiente senão pela imagem que, através da mirada, se tem dele – por aquilo que a visão retrata dele? Podemos destacar que, entre os analisadores sensitivos, o olhar tem um espaço privilegiado. A relação do organismo com o ambiente não é direta: a visão opera como articulador. Ao mesmo tempo, a visão produz diferentes efeitos. Lacan fará referência a vários estudos que mostram distintos processos desencadeados a partir dessa articulação. Um desses trabalhos é o de Roger Caillois[4] sobre o mimetis-

---

4 Sociólogo, poeta e crítico literário. Nasceu em 1913 e morreu em 1978. Contemporâneo e parceiro de Georges Bataille, tomou parte do movimento surrealista. Exilou-se na Argentina, por causa do nazismo, de 1939 até o fim da

mo, do qual daremos alguns elementos, porque a partir desse autor Lacan circulará por diversos conceitos de identificação que será necessário explicitar.

Ao estudar o mimetismo, Caillois demonstra que a experiência do animal com o meio é regulada pela visão. No ser humano, esses efeitos produzem modificações no psiquismo. Um ser se transforma, se acomoda ao espaço, se confunde com ele, muda até de cor, textura, forma e volume através da visão. A imagem retiniana é capaz de transformar a superfície do corpo. A imagem plasma na pele a marca que recebe do ambiente. As mudanças na vestidura são reguladas pela visão. O animal se adéqua à cor do ambiente a partir da percepção, e, nos casos em que o animal é cego, ele não consegue mudar a pele e sucumbe aos ataques do inimigo. No mimetismo se põem em jogo armadilhas, ilusões, enganos do olhar. O organismo se desrealiza, transformando sua estrutura externa, "com-formando-se" com o cenário para sobreviver.

Mas não vamos pensar que no sujeito humano se trata simplesmente de mimetismo. No caso do humano, trata-se de um processo psíquico que explicaremos mais adiante. A utilização do exemplo tem por intenção reforçar o que Lacan vai destacar como pulsão escópica, como a importância do olhar e das transformações que um organismo pode sofrer a partir da visão.

Já vamos nos aproximando da ideia de que o texto trata do tema da identificação. Identificação heteromórfica, quando diz respeito ao mimetismo em que o organismo assume a forma do entorno. Identificação homomórfica, quando se refere a outro tipo de mimetismo, no qual as transformações no corpo se produzem pela visão do congênere.

---

guerra. Escreveu numerosos textos sobre o imaginário humano, o mimetismo e a máscara.

É o caso dos gafanhotos (gafanhotos-peregrinos) ou das pombas estudados pela etologia. Esses animais reconhecem o congênere e em função disso se modificam, mas o fazem em primeiro lugar na presença do outro, na pura presença. O gafanhoto migra da forma solitária à gregária pela visão do congênere. Basta que a imagem esteja animada por movimentos similares aos da sua própria espécie para que se produza a mutação. A imagem do outro tem um efeito formador. No caso das pombas, a maturidade das gônadas tem como condição necessária a visão de um semelhante, e até pode ser a imagem de um semelhante no espelho. Nessa identificação homomórfica, o organismo seria tomado pelo sentido da beleza como formadora e erógena. No animal, há uma imagem da espécie, o recorte perceptivo responde a uma *Gestalt* que corresponde ao instinto. O humano se aliena na própria imagem e a partir dela impõe a imagem da espécie.

Quando Caillois descreve a psicastenia lendária,[5] transtorno no qual se produz uma captação do sujeito pela situação, já não está mais falando de um organismo, mas de um sujeito. O espaço exerce uma sedução que obriga o sujeito a renunciar a si para confundir-se com o espaço, até a despersonalização e a desrealização.

No sujeito, a identificação com a imagem do corpo refletida no espelho tem efeitos psíquicos. É diferente dos casos anteriores. Podemos ver que no estádio do espelho há registro psíquico da imagem unificada, da integração da imagem de si, que atuará como

5 Descrevem-se casos de misticismo nos quais o sujeito fica em absoluta imobilidade, o que também é chamado por Pierre Janet de *doença da ilha deserta*. Angústia de êxtases, na qual o sujeito fica sem reagir a estímulos externos. Bem mais digna de nota é a teoria de Janet (1926/2009a, 1928/2009b). Na obra *De l'angoisse à l'extase*, o mestre do Collège de France aborda, com extraordinária minúcia, a observação contínua, durante 22 anos, de uma doente designada pelo pseudônimo de Madeleine, que apresentava fenômenos místicos comparáveis, segundo o autor, aos da grande Teresa d'Ávila.

formadora, como constituinte do que está por vir. A criança pode assumir uma imagem de si atravessando os processos de identificação, porém nunca se reduz ao plano puramente econômico ou puramente especular, por prevalecente que seja o modelo visual. A criança não se olha com seus próprios olhos, mas com os olhos da pessoa que a ama ou detesta. O que importa é sua mirada e a mirada que recai sobre ela.

O lactente realizará um processo pelo qual se reconhecerá no espelho. A diferença é que o gafanhoto reconhece o congênere, e a criança se reconhece a si própria. No espelho aparecerá uma imagem virtual, que, rebotando sobre as sensações proprioceptivas, descoordenadas, esfaceladas, lhe devolverá uma imagem integradora. Esse corpo despedaçado corresponde ao autoerotismo. De cada zona erógena partem sensações que por enquanto não parecem comportar uma unidade. Logo, o primeiro objeto da libido será o eu. O eu se forma por identificação, identificação a esse eu ideal (*Ideal-Ich*) que antecipa sua imagem.

Estamos em face do narcisismo, constituído e constituinte do sujeito, um eu ideal que será também receptáculo das identificações secundárias. Precisa-se da formação do eu para que existam as relações de objeto. O eu se oferece ao isso como objeto (narcisismo). Os objetos são produtos da paixão do eu por impor ao mundo sua imagem. Começa o dinamismo libidinal. Cria-se uma linha de ficção para sempre irredutível. Entendamos a referência de Lacan (1949/1998), quando diz que

> *essa forma situa a instância do eu, desde antes de sua determinação social, numa linha de ficção, para sempre irredutível para o indivíduo isolado – ou melhor, que só se unirá assintoticamente ao devir do sujeito, qualquer que seja o sucesso das sínteses dialéticas pelas quais ele*

tenha que resolver, na condição de eu, sua discordância de sua própria realidade. (p. 98)

O sujeito não mais encontrará a si mesmo, a não ser como uma curva assintótica,[6] que só se tocará, quase que imaginariamente, em algum ponto infinito com sua realidade. Segundo Lacan, não haverá síntese dialética que apague a diferença entre o eu da imagem e a própria realidade do corpo do sujeito. Este permanecerá como realidade – de algum modo, sempre desconhecido para si. Para Lacan, o eu é um precipitado em que o sujeito se reconhece e, no entanto, se apresenta para si como um objeto outro. Esse eu se forma antes do eu que devém de sua determinação social (antes da passagem pelo Édipo). Esse eu é um cristal que pode se romper pelas linhas nas quais se uniu previamente. O conhecimento humano se estrutura como paranoico, sempre ameaçado de perder o obtido, sempre em tensão e rivalidade com sua própria imagem. É mais autônomo que o do animal, diz Lacan, mas também determina o homem no "pouco de realidade" que ele tem. O eu se reconhece nessa realidade ortopédica que lhe oferece a antecipação, mas funciona como uma identidade alienante. Constitui-se um eu que precisará sempre de reconhecimento para assegurar a permanência de sua imagem.

Ninguém pode ter de si a certeza de coincidir com a própria imagem. Por isso se procura o reconhecimento a partir de fora. Para o *infans*, o semelhante parece ter a integridade, a unidade, a boa forma. O semelhante parece ter de si a certeza de coincidir com a imagem e a partir daí ocupar o lugar único. A criança sustentada pela mãe, cuja mirada a olha, volta-se para ela a fim de demandar que autentifique sua descoberta. É o testemunho da mãe ao dizer

6 Assintótica: que não pode coincidir; função geométrica tangente em uma reta e uma curva, que só se tocarão no infinito.

"É você" que permitirá à criança dizer "Sou eu". O outro ocupa o lugar único, o que implica para o eu a perda de lugar e de reconhecimento. Isso promove uma resposta agressiva, que cria um reflexo paranoide de fragmentar o outro para ocupar seu lugar.

Avançando no texto, encontramos uma frase um tanto hermética. Que quer dizer Lacan (1949/1998) quando escreve que "o rompimento do círculo do *Innwelt* para o *Umwelt* gera uma quadratura inesgotável dos arrolamentos do eu" (p. 100)? A referência à quadratura do círculo se deve a um dos problemas clássicos, sem solução, da Antiguidade. Buscava-se construir um quadrado de tal forma que sua área fosse igual à área de um círculo, e isso deveria ser feito com régua e compasso. A quadratura do círculo é algo impossível a partir da geometria, assim como é impossível fazer coincidir a imagem do corpo com a realidade.

Há uma discordância do sujeito libidinal com sua realidade. O eu vem se oferecer como lugar de uma síntese impossível. Trata-se de fazer coincidir as bordas dessa discordância primordial da imagem com a realidade. Lacan diz que esse corpo estraçalhado aparece nos sonhos, sob a forma de membros disjuntos, nas obras de Bosch, pintor do século XV, nas linhas de fragilização que definem a anatomia fantástica e se manifestam nos sintomas esquizoides ou nos espasmos da histeria.

Lacan esclarece que nos dados da experiência do espelho, do visual, não se esgota essa experiência de formação do eu, porque se afirmássemos isso poderíamos receber muitas críticas. O que sucede com a identificação vai além, tendo em conta o já dito, que uma criança não se vê com os próprios olhos, mas com os olhos de quem a ama ou detesta. A referência no texto está dada quando Lacan diz que essa experiência está mediada pela técnica da linguagem e inscrita na matriz simbólica na qual o eu se precipita. Essa matriz simbólica é o desejo da mãe, a castração da mãe, que dá ao filho o lugar privilegiado de falo. Não existindo essa matriz, a criança não pode se constituir como eu, por muito que se depare com sua imagem no espelho. É o caso das psicoses infantis e do autismo.

Segundo Chemama (1998), aborda-se o campo do narcisismo como fundante da imagem do corpo da criança a partir do amor materno. Para que a criança se aproprie dessa imagem, é preciso que tenha um lugar no grande Outro, encarnado nesse caso pela mãe, que está inclusa na ordem do simbólico. A passagem do eu especular (o eu ideal) para o eu social (o ideal do eu) será dada pela intermediação cultural, que, como diz Lacan (1949/1998), estará mediada, "no que tange ao objeto sexual, no complexo de Édipo" (p. 102). Chemama (1998) observa: "O signo de reconhecimento da mãe vai funcionar como um 'rasgo unário' a partir do qual se constituirá o ideal do eu" (p. 369).

Lacan ressalta que, além da importância do reconhecimento na imago que até aqui desenvolvemos, a presença de outras crianças, semelhantes a ela, tem um papel formador significativo, por conta de um fenômeno descrito por Charlotte Bühler,[7] conhecido como transitivismo infantil. É a aptidão da criança de encontrar no outro o que pertence a ela mesma. Uma criança se interessa por outra da mesma idade, bate num outro do lado esquerdo do rosto e toca seu rosto do lado direito, se dá a mesma inversão que na imagem especular, mas o interessante é que, depois de bater, é ela quem chora. A criança se exibe ao outro como espectador e fica fundida com ele. Acontece uma confusão do si e do outro numa mesma situação sentimental. Diz Lacan que se dá uma dialética a partir da qual há uma passagem do eu especular para o eu social. Começa a concorrência com o outro. Bühler descreve situações nas quais uma criança fala, brinca, se mostra, e a outra observa. Uma se exibe

---

7 No trabalho "Étude sociologique et psychologique de la première année", de 1927 (referência tomada de M. Merleau-Ponty).

e a outra se submete, relação semelhante à do senhor e do escravo, e ambas as crianças estão de algum modo fundidas na situação. O senhor busca reconhecimento de seu senhorio por meio do escravo, dando-se uma confusão entre ele e o outro numa situação afetiva. Aparece o ciúme, e a relação espectador-espetáculo é interiorizada. O ciumento gostaria de ser aquele que ele contempla, tem o sentimento de ser frustrado. Se não fôssemos sujeitos do inconsciente marcados pela castração, amarrados a uma linhagem e a tudo que nos faz um sujeito singular, não poderíamos sair do transitivismo, embora nunca saiamos dele definitivamente. É a partir desse momento, entre a imagem especular e a imagem do outro semelhante (pequeno outro) – que aparece como competidor, ameaçador –, que podemos falar da relação da libido narcísica, como função alienante do eu, "com a agressividade que dela se destaca em qualquer relação com o outro" (Lacan, 1949/1998, p. 102).

Reconhece-se aqui, diz Chemama, a relação imaginária, dual, da confusão entre si mesmo e o outro, da ambivalência e da agressividade estrutural do ser humano. O sujeito aliena-se em si e no outro ignorando sua alienação, outro com o qual o eu fica preso a um desconhecimento eterno. Com essa posição, Lacan se opõe a todas as teorias tradicionais que concebem o eu como sistema de percepção-consciência, e deixa o eu no lugar da alienação e do desconhecimento. O ser do sujeito não se esgota no eu. Este não é mais que uma miragem e se contenta em ser isso.

Lacan (1949/1998) finaliza o texto dizendo que só a psicanálise dá conta de uma junção entre natureza e cultura, reconhecendo este "nó de servidão imaginária que o amor sempre tem que redesfazer ou deslindar" (p. 103). Não há promessa possível – venha ela do pedagogo, do reformador, do idealista – que supere essa fenda. A tarefa não é reforçar esse eu, consolidá-lo, fortificar a muralha na qual ele fica alienado, mas permitir que o sujeito se depare com seu limite, seu destino mortal.

Referências

Chemama, R. (Org.). (1998). *Diccionario del psicoanálisis* (T. P. Lecman, Trad.). Amorrortu.

Janet, P. (2009a). *De l'angoisse à l'extase* (Vol. 1). L'Harmattan. (Trabalho original publicado em 1926).

Janet, P. (2009b). *De l'angoisse à l'extase* (Vol. 2). L'Harmattan. (Trabalho original publicado em 1928).

Köhler, W. (1927). *L'intelligence des singes supérieurs* (P. Guillaume, Trad.). Félix Alcan.

Lacan, J. (1998). O estádio do espelho como formador da função do eu. In J. Lacan, *Escritos* (V. Ribeiro, Trad.; pp. 96-103). Jorge Zahar. (Trabalho original publicado em 1949).

5. Dialogando com a psiquiatria[1]

Quando começou a circular nos meios psiquiátricos a conceituação de uma nova doença que se convencionou chamar de *síndrome do pânico*, surgiu um especial interesse na procura das características dessa nova constelação sintomática, que tanto se diferenciava da nosografia conhecida.

Tive a oportunidade de trabalhar clinicamente com pacientes bastante afetados por situações de medo, que se manifestava frequente ou esporadicamente, e que, por alguns momentos, acabava por se configurar em pânico. E quanto mais a mídia investia na difusão dessa nova doença, a "síndrome do pânico", mais pacientes se viam no consultório e em supervisões com tal síndrome. Os próprios pacientes se diagnosticavam, de acordo com o que tinham ouvido sobre as características da doença. Antes, os pacientes chegavam falando de suas dificuldades, angústias e medos, relacionados ou não com as causas existentes. Decorrido certo tempo, já não era mais possível saber o que sentiam ou pensavam; apresentavam-se com um diagnóstico já definido, "síndrome do pânico", e um tratamento já estabelecido, medicação.

---

1 Uma versão anterior deste texto foi publicada em *Percurso, 10*(19), 73-82, 1997.

Simultaneamente, os laboratórios começaram a minar nossa capacidade de reflexão crítica mediante a divulgação de certas drogas que, como uma panaceia, eliminariam a doença. Isso acabou por produzir uma espécie de orgulho nos consumidores dessas drogas, as quais magicamente seriam capazes de resolver os indesejáveis sintomas. Os inequívocos e desejáveis avanços na área da farmacoterapia passaram a ser utilizados como prova de que a dimensão psíquica dos quadros de pânico (e também de outras entidades clínicas, como as chamadas doenças obsessivo-compulsivas) tem importância secundária na abordagem clínica dos pacientes. Como costuma acontecer com frequência na área da saúde mental, radicalizaram-se as posições, fecharam-se as trincheiras e restringiram-se as comunicações entre os profissionais com diferentes enfoques. Para os organicistas, o controle da intensidade e frequência das crises de pânico por meios químicos demonstrava a fragilidade dos postulados psicanalíticos. Por sua vez, os psicanalistas mais dogmáticos fizeram ouvidos moucos às evidências do sucesso da farmacoterapia.

Independentemente de pesquisarmos e trabalharmos com o referencial psicanalítico, é importante ressaltar que interessantes pesquisas na área biológica vêm sendo desenvolvidas. Estas buscam compreender o componente orgânico de certas doenças, para que seja possível promover alívio em pacientes que sofrem de grande dor psíquica. É justamente com esses trabalhos que eu gostaria de dialogar, uma vez que, no caso de determinadas perturbações, medicação e psicanálise operam em conjunto de forma adequada.

Nós, psicanalistas, já não mais acreditamos que a medicação seja um obstáculo em nosso trabalho. Ao contrário, diante de depressões, crises agudas e psicoses graves, a medicação nos possibilita trabalhar o sintoma, o que acaba por fazer com que o tratamento psicanalítico opere no nível das causas que o originam. Aliviar o sofrimento ou a angústia não impede que, em paralelo, se desenvolva um processo analítico. A importância de esclarecer esse ponto se deve ao fato de alguns pensarem que a angústia é o motor da cura, quando o que impulsiona a cura é o desejo de saber de si e da sexualidade, saber sonegado pelos pais, como diz Freud (1908/1986a) em seu trabalho "Sobre as teorias sexuais infantis" (1908/1986a). Esse ocultamento impulsiona o desejo de saber, instaurando um processo de recalque e colaborando na clivagem psíquica fundamental do sujeito entre inconsciente, por uma parte, e pré-consciente, por outra.

No caso particular a ser abordado, o que ocasiona a polêmica é a diferença de diagnóstico da origem da doença. A chamada doença do pânico não seria, segundo a psicanálise, mais do que uma fase aguda de certas modalidades neuróticas largamente estudadas por Freud e seus continuadores. Essa aguda manifestação de angústia se encontra tanto nas histerias de angústia quanto nas fobias. Ao fazer uma detalhada pesquisa histórica das causas que originam tais quadros nesses pacientes, encontramos fundamentalmente, nas histerias e fobias, antecedentes de medos infantis, cujo detonador é deslocado, mas que guardam alguma conexão inconsciente com o objeto fobígeno da infância. Estamos, assim, em presença do que Freud denominou *campo das psiconeuroses.*

Pelo fato de que na síndrome do pânico não se conhece o motivo que produz a crise, insiste-se em dizer que não existe causa alguma que a detone. Entretanto, seguindo o modelo da entrevista psicanalítica, numa escuta minuciosa, a partir de associações livres e acompanhando os modos de operar do inconsciente, começam a se tornar visíveis certas situações fantasmáticas inconscientes; são estas que originam as cadeias associativas que, por sua vez, encobrem a situação de origem. Ao escutar um paciente durante uma entrevista dirigida ou anamnese, podemos obter respostas que tornam compreensível a maneira de operar do eu. Esse tipo de questionário, no entanto, nos fornece somente os dados que o paciente sabe sobre si, ou seja, aqueles da ordem do consciente. Se nos ativermos apenas a eles, poderemos deixar escapar informações relevantes, capazes de nos orientar em relação às causas, na medida em que a escuta não está dirigida a formações do inconsciente, atos falhos, lapsos ou significantes que poderiam nos dar indícios do que é da ordem do não saber para o sujeito.

Para caracterizar a hipótese com que trabalho, direi que a chamada síndrome do pânico aparece como *a fase aguda de uma neurose histérica, cujas origens estão na infância.* Esta vai se constituindo e se modificando durante a vida, acabando por se apresentar como histeria de angústia ou fobia. Para esse conjunto de sintomas, a medicação atinge apenas as manifestações aparentes, porém sem alcançar as causas. Se os caracteres fóbicos não forem tratados em suas origens inconscientes, apelando-se apenas à medicação, o paciente correrá o risco de se apegar à droga como um acompanhante fóbico que o protegerá de novos ataques. A questão está no fato de essas drogas resolverem o problema atingindo o sintoma, a ponta do *iceberg*, sem atingir a origem. Qual será, portanto, o resultado no momento em que se retirar a medicação?

É necessário investigar as causas, buscando alcançar modificações estruturais e duradouras, ainda que isso seja mais trabalhoso para o paciente. As terapias cognitivas, usadas frequentemente como acompanhantes dos tratamentos medicamentosos, operam, assim como os remédios, no nível corretivo da conduta; nesses casos, o sintoma não aparece como portador de mensagens, como falas a serem decifradas que nos dizem do desejo e do recalque.

É possível caracterizar o pânico como faz a psiquiatria,

> *como um medo aliado a manifestações do sistema nervoso autônomo e que pode ocorrer na ausência de qualquer estímulo externo significativo. Aparentemente é um medo proveniente do interior, não havendo*

> *portanto contra quem lutar ou de quem fugir. Os ataques de pânico, quando crônicos, constituirão a doença do pânico. (Caetano, 1987, p. 19)*

Na medida em que o medo é aqui entendido como de ordem intrapsíquica, com sinais externos que só serão significativos pela sua ressonância intrapsíquica, somos levados a concordar com essa definição.

Onde está então a divergência? Talvez na compreensão das causas que desencadeiam o processo, podendo ser elas de ordem biológica ou psíquica. Recordemos que, para a psicanálise, uma representação recalcada pode atuar desencadeando um processo orgânico. Amenorreias ou dificuldades na concepção são frequentemente produzidas por problemas com a identidade feminina; transtornos na ejaculação ou na potência aparecem como resultado de fantasias patógenas. Que valor a psiquiatria atribui a esses fatores, que põem em marcha o sistema nervoso autônomo? O próprio Freud, nos anos de 1896-1900, já se debatia com questões ligadas à compreensão de quadros que caracterizava como diferentes: por um lado, as chamadas neuroses atuais, em que entendia haver uma transformação direta de excitação em angústia e que no caso não pressuporia conflito, porque a excitação não encontra via simbólica e representação; por outro, as psiconeuroses, nas quais a formação de sintoma se faz por mediação simbólica. O sintoma seria assim uma linguagem a ser decifrada, expressão de uma solução de compromisso que inclui a realização de desejo e a proibição. Freud, mesmo não acabando com as diferenças nosográficas, supera-as, dizendo que há sempre na neurose – qualquer que seja – um elemento atual na deflagração manifesta.

O impacto atual produz ressonâncias diversas em função da história que possibilitará, seja pelas vias de simbolização no nível fantasmático, seja pelas vias de sublimação (ou por outras ainda), a descarga. Nossa proposta seria procurar as causas que, mesmo sem relação aparente, põem em marcha a descarga somática, pensando que ambos os elementos estruturais agem de modo complementar. Em diversos momentos, são incompreensíveis a nossos olhos os signos que desencadeiam um processo associativo capaz de ressignificar alguma constelação psíquica da sexualidade infantil, transformada em angústia. Em inúmeras situações, as reações fóbicas desencadeiam medos que reativam *après-coup* situações traumáticas anteriores, sem possibilidade imediata ou aparente de encontrar os elos. Um afeto pode estar falsamente conectado a uma representação que seria seu correlato intencional, sendo esta, na verdade, uma das ideias em que se fundam os alicerces do tratamento psicanalítico. A relação afeto-representação e o destino do afeto estão em jogo nessa problemática.

A clínica fala

A clínica pode ajudar a compreender melhor essa questão. Um paciente sentia pânico em determinadas situações quando pegava a estrada. Sem saber por que, já sofrera situações de medo a ponto de ser obrigado a parar no acostamento à noite e ficar ali paralisado, como se estivesse preso a um medo incomensurável, diante do qual não conseguia reagir. Isso acabava por submetê-lo a uma situação de maior perigo, uma vez que corria o risco de ser assaltado ou atropelado. Além disso, pelo fato de a sua esposa não dirigir, era necessário chamar alguém para buscá-los. Seu sofrimento era grande. Temia tanto a aparição dessa situação quanto a angústia que lhe produziam os medos. Contudo, isso não acontecia sempre que viajava. Aparentemente, não era possível detectar a causa desse pânico. Mas o medo surgia também em outras situações – por exemplo, num cinema ou numa festa.

Após determinado tempo de tratamento, a partir de situações que em princípio nada tinham a ver com as viagens, o paciente se lembrou de certas angústias e suores frios que sentia na infância, quando seus pais saíam à noite e o deixavam preso em casa. A palavra *preso* me chamou a atenção. Por que *preso*, e não *sozinho* ou *triste*? Por que a saída dos pais criava nele a ideia de prisão? Na sequência de uma série de associações, referiu-se ao fato de que, em alguns momentos, quando viajava e o fluxo de carros aumentava, aparecia uma sensação semelhante à de sua infância. Tudo funcionava bem, mas de repente aparecia a angústia de que o trânsito ficasse mais lento, e temia ficar *preso* num pedágio ou engarrafamento; temia ser assaltado e não ter para onde fugir. A pergunta era: assaltado pelo quê? Por ideias? Por fantasmas? Por representações? Por afetos? Relembra ainda que, na infância, tinha medo de ladrões. Recorda também que proferia uma série de maldições e insultava os pais – em especial o pai, que lhe roubava a mãe para sair e divertir-se. Durante o tratamento, lembra que temia que tais pragas se voltassem contra ele e que, numa mistura de culpa e castigo, pudesse ser preso e maltratado. É interessante destacar que eram justamente os palavrões que dizia quando o trânsito começava a aumentar que o colocavam em contato com o infantil recalcado. O palavrão evocava uma representação que, por sua vez, o religava a um afeto eficazmente desligado. A representação afastada reaparecia "ligada", perdendo-se o efeito do recalque. Um palavrão que escutava no cinema ou numa festa desencadeava um processo que poderia assaltá-lo e o deixava *preso* ao temido: sua excitação, seu desejo de matar o pai, e a angústia de castração, operando como pano de fundo que articula o Édipo com a sexualidade infantil. A impossibilidade de fugir e a aparição de todas as representações secundárias eram a origem do surgimento da angústia.

Quando saía para se divertir numa viagem, especialmente se esta tinha alguma perspectiva interessante, aparecia o pânico. A angústia de castração e a situação edípica não resolvida eram reinvestidas por uma situação do presente. O pânico, aparentemente sem explicação, era detonado por algo que estava ressignificando a situação da sexualidade infantil: os palavrões. Era aqui que ele se identificava com o pai, no perigo de ser atacado e no temor de ser assaltado. Quem poderia assaltá-lo era o pai, pelo desejo que teria de ficar com a mãe; desejava atacar o pai e temia ser atacado por ele. Ao mesmo tempo, se triunfasse em seu desejo, perderia o pai e se encontraria em face do *desamparo infantil*. O pai era odiado, mas também tinha um caráter protetor. Essas duas forças opostas originam um verdadeiro conflito, com a correspondente emergência da angústia. A paralisia surge como sintoma, e a fuga, como forma de evitá-la. Ante o "Desejo sua morte", aparece o "Se você morrer, ficarei desprotegido para sempre". Tal confronto enquadrava uma série de reações físicas, decorrentes do sistema nervoso autônomo, provocadas pela transformação da angústia que operava desligada das representações.

O corpo e a mente, experiência única

A linha mais organicista da psiquiatria tende a dizer que, ainda que isto não seja totalmente comprovado, o que desencadeia a crise são causas de ordem biológica, provocadas pela descarga de mediadores químicos. Seria possível considerar que a causa é biológica? Existem razões de ordem congênita que modificam a estrutura orgânica? Quais são as bases neurofisiológicas e neuroquímicas da angústia? Alguns autores consideram ser a descarga noradrenalínica, partindo do estímulo do *locus ceruleus*, aquilo que origina a crise; outros autores, como Carr e Sheehan (1984), aderem à tese biologicista de erros metabólicos. Outorgou-se também um importante papel à serotonina (5-HT) (Nutt & Lawson, 1992). Herbert Chappa (1997) diz, a respeito das considerações biológicas, que existem múltiplos modelos explicativos, nem sempre concordantes; em geral, esse autor tem uma tendência a invalidar a ideia de que haja um único transmissor comprometido. Para Johnson *et al.* (1995), a síndrome do pânico poderia ser uma entidade biologicamente heterogênea, na qual existem alterações decorrentes da presença de dois ou mais neurotransmissores. A psicanálise busca, por meio de processos psíquicos, a explicação do que põe em jogo a descarga dos neurotransmissores. Há certa convergência entre a psicanálise e algumas escolas psiquiátricas. A terapêutica combinada alivia as fases agudas do transtorno, além de ajudar o organismo a encontrar outras vias de descarga que não comprometam o corpo. É no nível da elaboração e da substituição de representações que se poderá chegar à origem do conflito.

Na experiência da clínica psicanalítica, a inclusão da medicação permite ao paciente encontrar um espaço mais confortável para desenvolver o processo da análise. Essa medicação não será administrada, porém, pelo psicanalista, uma vez que isso acabaria por interferir na transferência. O desaparecimento do sintoma, na psicanálise, será consequência de um minucioso trabalho de investigação, que possibilite ao paciente desconstruir a constelação fantasmática patógena e se "re-historicizar" por meio de novas simbolizações, que lhe permitam explicar sua existência com menos sofrimento.

Nesse processo, os sintomas se desestruturam, em decorrência da análise, por meio de uma mudança que compromete toda a subjetividade. Para a psicanálise, um sintoma é muito mais do que uma situação conflitiva, pois aparece sempre numa estrutura neurótica que deve ser analisada na sua totalidade.

As terapias cognitivas trabalham exclusivamente no nível do sintoma, o que, segundo nossa compreensão, envolve o risco de que este desapareça, reaparecendo, porém, em outro lugar. Uma criança que tem medo de ser separada da mãe e ficar sozinha na escola pode ser condicionada ou pressionada para conseguir isso, podendo inclusive pôr em ação sua vontade de fazê-lo. Todavia, não nos surpreenderemos se depois de certo tempo surgirem problemas de aprendizagem ou uma enurese, revelando a dificuldade dessa criança de crescer e seu desejo de permanecer infantil. É preciso reconhecer que, às vezes, é conveniente possibilitar o deslocamento de um sintoma grave – como anorexia ou tricotilomania (compulsão a arrancar os cabelos), que provocam consequências devastadoras – para outros sintomas mais suportáveis, que nos permitem encontrar o tempo necessário para que a análise aconteça.

Outra questão sobre a qual devemos nos deter se refere à relação entre a angústia e a crise: como as definem tanto a psicanálise quanto as escolas psiquiátricas que caracterizam essa síndrome como entidade autônoma?

Um dos critérios para diagnosticar o transtorno do pânico, segundo o *Manual diagnóstico e estatístico de transtornos mentais: DSM-4* (American Psychiatric Association, 2003), é a inquietude diante dos medos de repetição das crises. O medo da própria crise é um fator diagnóstico. Esse fenômeno é conhecido como *medo ao medo*.

O paciente, que nunca teve contato com o medo, passa então a sentir temores. Essa situação, porém, deveria ser caracterizada inversamente: não é a situação traumática atual o que origina o medo, mas medos preexistentes, recalcados, que emergem ao serem evocados por essa situação. Podemos dizer que, ao ter essas crises, o paciente sente a angústia de que elas voltem a se repetir. No entanto, tal crise não deve ser entendida como *causa* do medo, e sim como *consequência* dele. É nas personalidades fóbicas, com estruturas neuróticas prévias, que o pânico pode aparecer como situação aguda. Esse caso é diferente dos que implicam situações de perigo real, a *Realangst* freudiana. O medo que aparece nas situações de ameaça à própria vida ou de desastre, como resposta a uma causa real externa, não tem necessariamente a ver com uma estrutura neurótica, enquanto o pânico ligado a crises fóbicas, depressões, hipocondrias, alcoolismo e autodepreciação é um transtorno próprio do conflito neurótico.

Pânicos e fobias

Passaremos agora à caracterização das fobias do ponto de vista psicanalítico, para compreender melhor sua relação com o pânico. Para isso, é necessário situar, ainda que brevemente, os conceitos de angústia, medo e pânico (ou susto). Na obra freudiana, é possível encontrar três termos associados a essa problemática: *Scherck*, traduzido como susto, *Angst*, como angústia, e *Furcht*, como medo.

Nas conferência 25, "A angústia", das *Conferências introdutórias à psicanálise*, Freud (1917/1984a) se refere à angústia como um estado no qual se abstrai o objeto, enquanto o medo se encontra ligado a este. Por susto, Freud designa a ação de um perigo para o qual a pessoa não estava preparada, por um estado de angústia prévio. Freud dirá que o homem se defende do medo com a angústia, sendo, porém, frequente o deslizamento entre essas formas. Não será conservada, neste nosso trabalho, uma rígida diferenciação entre tais termos, já que muitas vezes é o aparecimento da angústia-sinal o que promove o medo e, diante de um transbordamento deste, pensando num enfoque econômico, se produz uma situação de pânico. A diferenciação que toma como eixo o objeto também é frágil: a angústia está intimamente ligada ao recalque e ao desligamento da representação do objeto temido. Mas esse desligamento sofre tantos deslizamentos que, em geral, se perde a relação entre o objeto e a angústia. O recalque da representação faz com que a angústia apareça sem a referência que origina o medo.

Laplanche dirá que a relação com o objeto é abordada de forma indireta; que este não é um conceito central, é quase um corolário.

Supondo que o susto é produto de um efeito-surpresa e de não preparação, devemos considerar que ele não tem objeto conhecido; a angústia pode se produzir como preparação tanto para um perigo conhecido quanto para um perigo vago. Nesse sentido, poderíamos dizer que a preparação não provém do conhecimento de um objeto em especial.

Posteriormente, em *Inibição, sintoma e angústia* (Freud, 1926/1986c), o termo *susto*, ainda que conservando seu lugar, apaga-se para dar origem a certa oscilação, desdobrando-se o conceito de angústia-sinal em dois polos: um deles é o da *preparação*, que substitui a angústia-sinal; no outro, a angústia passa a ter a conotação que antes dizia respeito ao susto. Seria uma angústia proveniente de um estado de não preparação, que Freud chamará de *angústia automática*, e que aparece como reação diante de uma situação traumática. Laplanche reforçará a ideia de que o termo *medo* pode ser considerado marginal na teoria freudiana. É ambíguo, porque Freud relaciona o medo com um temor puramente realista; contudo, na maioria das vezes, existem no homem (por trás do medo e subjacente a ele) elementos de angústia e susto que provocam reações inadaptadas à realidade. Poderíamos talvez pensar uma relação de diferença, se considerarmos prioritário o enfoque econômico, no qual a angústia apareceria como o mais vago e o pânico como o mais violento.

Tanto a angústia quanto o medo têm sido caracterizados na literatura psicanalítica como dois momentos da produção de uma fobia. No *Vocabulário da psicanálise*, Laplanche e Pontalis (1967/1991) definem assim a histeria de angústia: "Termo introduzido por Freud para isolar uma neurose cujo sintoma central é a fobia, e para sublinhar a sua semelhança estrutural com a histeria de conversão" (p. 212). Seria possível dizer que a histeria de angústia é uma fobia na qual a angústia ainda não foi ligada a um objeto que, pela sua condição de despertar o medo, permita evitá-la. Nas fobias, as representações angustiantes já estão amarradas a determinados objetos afastados do original.

Alguns autores consideram os sintomas fóbicos como passíveis de se manifestar em outros quadros, seja na neurose, por exemplo, a obsessiva, seja na psicose, sob a forma de esquizofrenias.

Essa forma de neurose, como sabemos, foi estudada no caso do pequeno Hans (Freud, 1909/1986b), em que o efeito do recalque separa o afeto da representação. Ao se construir a fobia, a angústia de castração se dirige para um objeto substituto que pode ser evitado. Na histeria de angústia, a libido que se desligou devido ao recalque, em vez de ser convertida, como acontece nas histerias de conversão, foi libertada como angústia. Isso nos permite identificar as semelhanças na estrutura dos dois quadros, sendo a diferença primordial *o destino da angústia*. A formação do sintoma fóbico, em si mesma, já implica um trabalho psíquico de deslocamento e de evitação, os quais, ao lado do recalque, constituem os mecanismos defensivos por excelência da fobia.

A transformação de angústia em fobia é, por sua vez, um recurso defensivo que permite evitar o conflito e a angústia, mas origina a doença neurótica. O estado de pânico seria resultado desse fracasso defensivo, a aparição abrupta e transbordada da angústia, que invade o eu e provoca toda uma série de sintomas corporais. É possível também encontrar esses sintomas em sujeitos que não apresentam uma neurose estruturada como tal. Nesse caso, a angústia é fruto do desencadeamento de fatores externos, como exames, situações de prova, confronto com autoridades e exposição em público. A sudorese, o aumento dos batimentos cardíacos e as dores abdominais acabam por ser, dessa maneira, transformados em sinais corporais da aparição da angústia.

No caso das fobias, a causa que desencadeia o sintoma está sempre situada no passado que se reativa no presente, decorrente de um objeto real ou simbólico. É importante observar que esse objeto desencadeante pode passar despercebido tanto aos olhos do paciente quanto aos do profissional, uma vez que o laço existente entre a realidade e a fantasia está sob o efeito do recalque e do deslocamento, conforme exemplificamos no caso relatado. Quando o mecanismo falha, há um reencontro com o objeto que desencadeia a angústia. É então que surge a síndrome do pânico. Ressalte-se que esta não aparece, portanto, como um quadro isolado e autônomo. Para Freud, uma vez constituído o sintoma, ele gera um impedimento atual, real e presente, criando uma nova angústia, que se liga a essa representação. Entretanto, esse enlace é contingente, diferenciando-se assim do enlace original. Por essa razão, muitas vezes, após a aparição do primeiro ataque, temem-se os seguintes.

Na teoria freudiana, as fobias se originam em relação à angústia de castração e aos conflitos tipicamente fálicos com os quais a criança se defronta na elaboração edípica, tendo em conta as formas como se situa diante da lei. Nesse contexto são produzidos deslocamentos pelos quais se criam objetos fobígenos suficientemente afastados das representações originais, fantasmas que originam a angústia e que funcionam seguindo as leis da contiguidade, por semelhanças ou homofonias que podem contaminar um grande número de situações. O trabalho que a terapia psicanalítica propõe é reconstruir os sucessivos deslocamentos dos afetos e percorrer os caminhos que destinam certas representações ao recalque, a fim de produzir novos enlaces, que liberem o sujeito das amarras que o deixam preso ao recalque.

A psicanálise se preocupa em compreender as causas que provocam tal estímulo no sistema nervoso central e no sistema autônomo e pensa em esquemas de ordem histórica e inconsciente como os determinantes da produção de manifestações de afeto e angústia em nível corporal, sem deixar de considerar que existe uma constituição e uma disposição particular e singular para a instauração de uma neurose. Os sintomas que comprometem o corpo, as descargas neurovegetativas, as sudoreses, as palpitações, podem ser desencadeados por uma palavra, uma lembrança, um cheiro, uma cor, ligados a determinadas representações recalcadas.

Vale lembrar que Freud trabalha com duas teorias da angústia. A primeira é elaborada entre 1895 e 1900. Seu caráter metapsicológico é essencialmente econômico. Afirma que a libido estancada, não elaborada e fundamentalmente desligada de suas representações acaba por ser liberada como angústia. Essa teoria corresponderia mais à angústia das neuroses atuais, nas quais os sintomas se formam como decorrência da transformação direta da excitação em angústia, situação essa que dificulta a análise, devido às falhas na representação.

A segunda teoria, de 1926, foi formulada após a elaboração da segunda teoria tópica do aparelho psíquico, interessando-se, portanto, pelos fenômenos do eu. Freud sustenta agora que a angústia funciona como um alarme do eu para o eu, relacionado à situação pulsional que acompanha a angústia de castração. É em razão dessa segunda teoria de Freud que é conveniente trabalhar a questão das fobias. É a partir desse momento que se prioriza a angústia perante o medo do ataque da pulsão.

A questão da "hereditariedade"

Existem ainda outros elementos capazes de ajudar na constituição de uma fobia e cujos indícios aparecem na própria obra de Freud. Façamos referência a *Psicologia das massas e análise do eu* (Freud, 1921/1984b). Aqui poderemos encontrar o motivo para se pensar que haveria hereditariedade nesse campo, quando é abordada a ideia dos sintomas por identificação. Nesses casos, a identificação substitui a escolha do objeto, e Freud afirmará que a escolha do objeto regrediu até a identificação primeira e mais originária do laço afetivo. Sob as constelações das formações de sintoma do recalque e dos mecanismos inconscientes, a escolha de objeto retorna à identificação. Ou seja, o eu toma sobre si as propriedades do objeto.

A identificação desempenha um importante papel tanto na pré-história do complexo de Édipo quanto na sua resolução. A criança pode se identificar com o pai como um ideal e, junto com ele, com suas características fóbicas, que nesses casos podem estar idealizadas. Um menino dizia orgulhoso na sua primeira entrevista: "Eu sou como o meu pai: não gosto de sair de casa nem falo com estranhos". Essa era claramente sua identificação masculina, uma vez que, para ele, as mulheres são fofoqueiras e gostam de andar pelas ruas. Na realidade, o pai dessa criança não conseguia sair, a ponto de precisar que o terapeuta o atendesse em sua casa, uma vez que deixá-la lhe provocava desmaios.

Outra modalidade identificatória descrita por Freud é a identificação que prescinde da relação de objeto: a identificação se faz na base de poder ou querer colocar-se na mesma situação do sujeito com o qual se está identificando.

Com frequência encontramos, tanto em casos de crianças quanto de adultos, antecedentes fóbicos familiares. Isso é o que se confunde, por vezes, com a hereditariedade. As mães transmitem seus temores aos filhos, sendo comum o paciente recordar que a mãe usava objetos protetores para defendê-lo dos perigos. É importante lembrar que muitos pais ou mães utilizam seus filhos como objetos acompanhantes para se defender de seus medos, facilitando a emergência neles de estruturas contrafóbicas. Nesses casos, o medo se transforma em valor, tornando-se uma forma onipotente de enfrentar a angústia. O próprio medo acaba por se transformar em coragem pelo fato de a criança ter sido colocada pelos pais numa situação de onipotência.

Um exemplo interessante de contrafobia é a de um paraquedista que escutei durante algum tempo. Ele sofria de frequentes vertigens quando, em terra, ficava perto de uma janela. Para controlar seus intensos medos, procurava enfrentar o objeto temido, evitando, portanto, a angústia da espera. Seu medo da altura o obrigava a enfrentá-lo para poder controlá-lo. Na verdade, o que provocava angústia era o desejo de jogar-se. Desconhecia a origem do seu sintoma, mas, à medida que, como resultado de suas associações, este ia se enlaçando com representações masturbatórias infantis, a vertigem foi se transformando em angústia e a necessidade de se pôr em situações de alto risco diminuiu. Vemos, aqui, o caminho inverso do sintoma físico "vertigem", a angústia como enlaçada a uma representação.

Outro paciente, que durante a vida adulta sofre uma série de limitações em função de seus medos, recorda como era valente durante a infância. Apresentava-se como mais corajoso do que a média, capaz de realizar as façanhas mais perigosas, expondo-se frequentemente ao perigo. Essa é a outra face da mesma moeda. A contrafobia aparece como a transformação no contrário de um traço fóbico, e assume, portanto, o mesmo valor.

Ao incorporar certos traços familiares, a criança costuma sentir-se mais amada, bem como quando responde a certos desejos parentais que a nomeiam, atribuindo-lhe um lugar determinado. Por exemplo: "Ele nasceu para ficar junto a nós". Essa era a forma utilizada pelos pais ao se referirem a uma criança que costumava ter graves manifestações de pânico sempre que tinha de ir a um aniversário. Para Piera Aulagnier (1975/1977), o eu funciona apenas se for capaz de garantir conjuntamente a estabilidade das duas referências: pelo seu reconhecimento e pelo reconhecimento de si mesmo através do olhar dos outros. Deve-se ser igual à imagem que é admirada pelos outros, ou ainda ser igual à imagem admirada pelo olhar que o eu admira. Essas são as duas formações que o desejo narcísico adota no campo das identificações. O discurso familiar tem um grande peso sobre a formação da identidade, e muitas vezes é esse tipo de produção de sintoma que nos faz pensar na hereditariedade.

Antes de terminar esta breve menção às fobias na literatura psicanalítica, gostaria de aludir a outros referenciais teóricos de grande relevância, que apresentam algumas diferenças com relação à formulação freudiana. Vou deixá-los apenas indicados, para serem aprofundados em outro momento. Cito, em primeiro lugar, Melanie Klein, que revisa a explicação freudiana (cujo núcleo central é o complexo de castração) para enfatizar a importância das fases de máximo sadismo em que vivem as crianças durante o primeiro ano de vida. É na fase esquizoparanoide que ela encontra a origem das fobias. Com frequência, vê os medos associados com a angústia de aniquilamento do eu em crianças pequenas, o que nos levaria a dizer que são os mecanismos esquizoides que subjazem às estruturas fóbicas. Tais estruturas seriam o produto de uma regressão baseada fundamentalmente na desintegração do eu e nos ataques internos da pulsão de morte. Ao ser projetada, essa pulsão se identifica com os objetos, que se voltam contra o eu como objetos ameaçadores, deixando assim as fantasias carregadas de objetos retaliadores.

A existência de um supereu sádico desde os primórdios constitui a constelação necessária para a aparição dos temores. As falhas nas defesas – onipotência, idealização, negação, simbolização e dissociação, típicas dessa posição – fazem com que o eu sucumba diante da angústia. Na formação de uma fobia, o sujeito evita situações catastróficas produzidas pela pulsão, que o ataca de dentro. Ao projetá-la, o sujeito a deposita num objeto externo que pode ser evitado. Nos casos em que o objeto atacante e o protetor funcionam externamente, o acompanhante fóbico se identifica com o objeto bom; no entanto, o objeto mau está identificado com o objeto temido. Poderíamos dizer, portanto, que o sentimento de inveja, a pulsão de morte e o fracasso dos mecanismos defensivos são, nessa teoria, o pivô da fobia. Na psicopatologia kleiniana, a aparição de quadros neuróticos previne e evita a formação de uma psicose.

Os aportes lacanianos também oferecem uma ampla explicação para esse quadro. São determinantes nessa teoria o Édipo e a castração. Entretanto, difere a forma como eles entram em jogo. No caso do pequeno Hans, Freud diz que o menino teme ser separado da mãe. Por outro lado, a teoria lacaniana situa a angústia como o medo de ficar preso na célula narcísica incestuosa, pela impossibilidade de que se exerça a lei paterna que enuncia a dupla proibição: "Não reintegrarás o teu produto nem dormirás com a tua mãe". O cavalo, no caso do pequeno Hans, transforma-se num objeto castrador, que se apresenta no contexto do imaginário para cobrir a falta de um pai real que atue no simbólico, como objeto castrador. Lacan dirá que é na falta do pênis materno que se revela a natureza do falo. O sujeito se divide, vendo diante de si a abertura do abismo contra o qual se protege numa fobia, podendo aparecer, em seu lugar, um objeto-fetiche, que recobrirá a existência da falta do pênis, como deslocada.

No seminário 4, *A relação de objeto*, Lacan (1956-1957/1985) propõe que a angústia não é o medo de um objeto, mas sim *o enfrentamento do sujeito com a falta do objeto*, uma falta de ser que o toma, na qual se perde e ante a qual é preferível até formar o mais estranho dos objetos – no caso, uma fobia. Vemos, portanto, que a angústia de castração remete à relação do sujeito com o outro, ao mesmo tempo constituindo-o como sujeito e alienando-o.

Recordemos que na teoria lacaniana a angústia de castração é entendida numa dimensão simbólica, como castração do sujeito, e toda angústia acaba sendo angústia de castração, uma vez que ela determina a própria relação com a possibilidade de tornar-se sujeito desejante. Em Lacan, a condição de objeto total ou parcial decorre da posição que o sujeito ocupa na estrutura, isto é, se ele se coloca como capaz de preencher a falta na mãe ou como parte daqueles que podem satisfazer seus desejos.

O jogo de interesses

Retomando o problema da etiologia, após ter exposto a contribuição da psicanálise, parece-me importante lembrar que na discussão dessas questões há elementos que estão além de uma polêmica científica, e que levantam a questão do papel da ciência e do conhecimento na estrutura social. Tanto o conhecimento quanto o saber estão intimamente ligados ao poder. É justamente o poder o que origina um discurso científico que determina os lugares de hierarquia e dominação. O discurso é poder, e é a luta pelo poder instituído o que nos situa numa ordem social determinada. Adotar uma explicação única da etiologia do transtorno psíquico nos põe no lugar de possuidores da verdade e, portanto, como os únicos agentes que têm o direito de administrar a cura. Essa prioridade não só funciona no sentido do prestígio, mas também determina a possibilidade de monopolizar o mercado de trabalho e a aplicação das verbas destinadas à pesquisa.

A partir disso, é possível deduzir que não é só o benefício dos pacientes o que está em jogo nessa discussão etiológica e nosográfica a respeito da síndrome do pânico e da fobia; são também fortes interesses corporativistas que regem um mercado de trabalho cada vez mais competitivo. Reflexo dessa situação são as mudanças sofridas pelo *Manual diagnóstico e estatístico de transtornos mentais* (DSM), da Associação Americana de Psiquiatria, que refletem cada vez mais a ascensão da psiquiatria biológica e da psicofarmacologia, com a consequente proliferação de drogas psicoativas com alvos específicos. Observamos que o caminho vai cada vez mais na direção de classificar descritivamente os distúrbios, enfatizando os transtornos sintomáticos, deixando-se assim de lado a compreensão mais complexa, que inclui os fatores sociais e dinâmicos. Não devemos esquecer que tanto o DSM-3 quanto o DSM-4 regem a distribuição do dinheiro destinado às diferentes linhas de investigação.

Se for possível pensar um campo em que o orgânico e o psicológico se reúnam, tecendo uma trama, estaremos ajudando a romper com os feudos científicos. Estaremos então superando um imaginário narcísico que nos faz pensar que nossa visão é a única e que somos os detentores da verdade.

Referências

American Psychiatric Association. (2003). *Manual diagnóstico e estatístico de transtornos mentais: DSM-4* (C. Dornelles, Trad.; 4a ed.). Artmed.

Aulagnier, P. (1977). *La violencia de la interpretación: del pictograma al enunciado* (V. Fischman, Trad.). Amorrortu. (Trabalho original publicado em 1975).

Caetano, D. (1987). *Como enfrentar o pânico*. Ícone.

Carr, D. B., & Sheehan, D. V. (1984). Panic anxiety: a new biological model. *Journal of Clinical Psychiatry*, *45*, 323-330.

Chappa, H. J. (1997). *Pánico y agorafobia*. Salerno.

Freud, S. (1984a). La angustia. In S. Freud, *Obras completas* (J. L. Etcheverry, Trad.; Vol. 16, pp. 357-374). Amorrortu. (Trabalho original publicado em 1917).

Freud, S. (1984b). Psicología de las masas y análisis del yo. In S. Freud, *Obras completas* (J. L. Etcheverry, Trad.; Vol. 18, pp. 63-136). Amorrortu. (Trabalho original publicado em 1921).

Freud, S. (1986a). Sobre las teorías sexuales infantiles. In S. Freud, *Obras completas* (J. L. Etcheverry, Trad.; Vol. 9, pp. 183-202). Amorrortu. (Trabalho original publicado em 1908).

Freud, S. (1986b). Análisis de la fobia de un niño de cinco años. In S. Freud, *Obras completas* (J. L. Etcheverry, Trad.; Vol. 10, pp. 1-118). Amorrortu. (Trabalho original publicado em 1909).

Freud, S. (1986c). Inhibición, síntoma y angustia. In S. Freud, *Obras completas* (J. L. Etcheverry, Trad.; Vol. 20, pp. 71-164). Amorrortu. (Trabalho original publicado em 1926).

Johnson, M. R., Lydiard, R. B., & Ballenger, J. C. (1995). Panic disorder: pathophysiology and drug treatment. *Drugs*, *49*(3), 328-344.

Lacan, J. (1985). *O seminário, livro 4: a relação de objeto* (D. D. Estrada, Trad.). Jorge Zahar. (Trabalho original publicado em 1956-1957).

Laplanche, J., & Pontalis, J.-B. (1991). *Vocabulário da psicanálise* (P. Tamen, Trad.). Martins Fontes. (Trabalho original publicado em 1967).

Nutt, D., & Lawson, C. (1992). Panic attacks: a neuro-chemical overview of models and mechanisms. *British Journal of Psychiatry*, *160*, 165-178.

6. Ainda a psicanálise no campo da sexuação[1]

A única maneira de manter a psicanálise viva é pensar novas formas de produção do conhecimento que incorporem o novo e reorganizem o já conhecido dentro dos paradigmas que nos caracterizam como especificidade científica. Para dar conta da ideologização que se infiltra no campo psicanalítico e das novas questões que se apresentam, é preciso não tomar a teoria como um corpo morto, coagulado ou estagnado. É trabalhando-a e aprofundando-a que conseguiremos avançar. Faz-se necessário retrabalhar a obra freudiana à luz dos progressos da ciência, da filosofia, da antropologia, da sociologia, da economia, das artes e da cultura em geral.

É nessa trilha que desenvolverei este trabalho, porque – a partir de novas leituras, das questões com que a transmissão nos confronta, da clínica que apresenta novos modos de expressar a patologia ou simplesmente de uma subjetividade que assume novos devires – um incômodo nasceu em mim: percebi no âmbito da psicanálise certa confusão quanto ao modo de incorporar os novos conhecimentos.

---

1 Uma versão anterior deste texto foi publicada em *Estudos de Psicanálise*, 47, 35-46, 2017. Agradeço à psicanalista Sílvia Nogueira pela revisão do texto em português.

Entendo que se trata de ampliar o pensamento, mas sem descaracterizar aquilo que, em nosso saber, tem sido construído no decorrer dos últimos cem anos. Hoje vou considerar especialmente os efeitos em nosso campo da incorporação dos estudos provenientes das teorias de gênero. Estas, em vez de oferecer ferramentas diferenciadas, que nos obriguem a repensar alguns elementos e a elaborá-los em função de questões da época em que foram produzidos, vêm ocupar um lugar na teoria, empobrecendo-a ou desqualificando-a. Essa dificuldade não é necessariamente fruto das teorias de gênero, e sim da forma como a psicanálise se apropria delas.

Quando o novo invade e não se imbrica de maneira necessária com aquilo que é especificamente psicanalítico, quando o que chega de fora tenta dar uma explicação totalizadora a elementos que, na psicanálise, poderiam ser revisados a partir de sua própria metodologia, estamos no caminho errado. Perdemo-nos nas lutas científicas de poder, e não propriamente acrescentamos. Uma psicanálise com a qual temos sido sempre solidários vem, há anos, questionando-se sobre o lugar que os fenômenos histórico-sociais têm na formação do inconsciente e do supereu. Pensar de que modo esses fenômenos incidem no inconsciente não o descaracteriza como aquele que, segundo suas próprias leis, determina nossas condutas desejantes.

Na época em que Freud elaborou o arcabouço científico sobre o qual desenvolveria seu modelo metapsicológico, as ciências estavam impregnadas pelos modelos da termodinâmica e pelos modelos deterministas de causa e efeito. Hoje os novos paradigmas científicos nos permitem pensar de um modo diferente, oferecendo-nos postulados que abrem novas maneiras de entender os fenômenos dos quais teremos que dar conta.

Sobre os novos paradigmas da ciência

Desde o século XVI grandes transformações se deram nos processos de legitimação do conhecimento. As cisões da Igreja e o advento do protestantismo aconteceram pela negativa de alguns grupos em aceitar que existisse uma única leitura possível das Escrituras. De uma subversão religiosa decorreu, naturalmente, uma subversão no campo social e da ciência, a partir da qual não mais se pode falar de verdades únicas.

A epistemologia clássica adaptou seu ideal de teoria científica à concepção da geometria euclidiana: a teoria ideal é um sistema dedutivo com uma definição de verdade incontestável, baseada numa conjunção de axiomas, de modo que a verdade se desloque por caminhos definidos de inferência válida, que se propagam por todo o sistema. Se o critério de univocidade das ciências empíricas era, para filósofos como Comte, requisito de toda ciência, um grande avanço se deu na história do pensamento a partir das colocações de Dilthey, que diferenciou ciências do espírito e da natureza, com metodologias e formas de pesquisa diversas.

Hoje não interessa promover o conceito de univocidade, como se procurava nos sistemas galileanos e newtonianos. Até mesmo no campo das ciências exatas a pluralidade de hipóteses é admitida. Já dizia Poincaré (1905/1995), matemático do começo do século XX, que a crença de que as verdades científicas são certezas só pode ser admitida numa mente ingênua.

O método clínico, que é o método científico por excelência no campo da psicanálise, guarda pouca conexão com a ciência "fisicista" do século XIX. A verdade do paciente é sempre conjectural. Inclusive no campo da medicina pode-se dizer que não há enfermidades, mas sim enfermos, partindo-se da impossibilidade de assumir qualquer tipo de certeza. Conservar a singularidade é essencial na pesquisa psicanalítica.

À revolução copernicana, que desloca a Terra do lugar de privilégio, une-se a ferida narcísica promovida pela psicanálise, ao reconhecer que a consciência não é o elemento central a ser analisado para entender as determinações que impulsionam os caminhos psíquicos do homem. Como dito antes, hoje em dia se faz necessário reconsiderar o modo pelo qual operavam na psicanálise os postulados científicos da época – na forma em que aparecem, por exemplo, na construção do "Projeto para uma psicologia científica" (Freud, 1950[1895]/1986a) –, assim como incorporar novos modelos científicos para pensar a psicanálise.

Creio que esses modelos vão afetar, fundamentalmente, as concepções de sexualidade que encontramos em vários escritos freudianos. Diante de novos paradigmas, há quem considere nulos os anteriores, quem proponha uma nova maneira de organizar o conhecimento, e quem amplie ou questione os postulados ideológicos que correspondiam às visões da época. Assim, os novos conhecimentos – tanto os internos à teoria quanto os que vêm das teorias de gênero – precisam ser postos à prova e modificados ou reinventados. Esses avanços da epistemologia não acontecem sem consequências, atingindo tanto as ciências duras quanto as sociais.

Em diversos campos, desde a matemática até as ciências sociais, há novas formas de entender os processos e as leis que regem o conhecimento. No século XX, nenhum conceito se ressignificou com tanta profundidade quanto o de complexo. De um uso comum e científico, que tinha perdido suas raízes e o relacionava ao complicado ou emaranhado, ao difícil de entender, retomou seu sentido originário e passou a significar uma nova perspectiva para designar o ser humano, a natureza e nossas relações com ela. Assim, o termo *complexo* se refere hoje a uma maneira de compreender o mundo na qual tudo se encontra entrelaçado, como uma trama composta de finos fios.

O século XVIII propunha-se a eliminar o impreciso, as complexidades. Hoje as teorias de Edgar Morin (1990/2005) e seus contemporâneos esforçam-se para incorporar o aleatório e a complexidade. Pensemos na revolução que a teoria do caos[2] introduz na compreensão de diversos fenômenos.

Ela nos convida a considerar sistemas complexos, dinâmicos, não lineares, em desordem, sistemas nos quais as variáveis interagem com diversas alternativas de solução e que têm origem em modelos muito simples. As interferências e o acaso em seu trajeto tornam seu comportamento imprevisível, provocando desordens aparentes de difícil explicação e entendimento. Situações imprevistas criam ordens desconhecidas, supostas desordens que na realidade produzem novas formas de ordenamento. A lógica com que costumávamos analisar certos trajetos históricos na vida dos sujeitos pode transformar-se à luz da teoria do caos e das estruturas dissipativas, pois não nos cabe pensar o curso da vida dos sujeitos com base numa relação de causa e efeito. A sobredeterminação freudiana pode adquirir um novo sentido, uma vez que estamos sempre expostos à criação de novas inscrições psíquicas, que são produtos do acaso. A partir dessas ideias, o mundo já não se organiza por dualidades dicotômicas ou causa e efeito. Abrem-se as diversidades, nas quais uma aparente desorganização está dando origem a uma nova organização, que pode ser entendida, na psicanálise, como a possibilidade de criação permanente de inscrições

2 A teoria das estruturas dissipativas – ou teoria do caos – estuda a aparição de estruturas coerentes, auto-organizadas em sistemas isentos de equilíbrio. Trata-se de um conceito de Ilya Prigogine (2002), Prêmio Nobel de Química em razão do trabalho sobre a extensão da teoria termodinâmica a sistemas isentos de equilíbrio, existentes apenas em conjunção com seu entorno. O termo *estrutura dissipativa* representa a associação entre as ideias de ordem e de dissipação. O novo fato fundamental aportado é o de que a dissipação de energia e de matéria, que poderia estar associada à noção de perda e evolução para desordem, converte-se, longe do equilíbrio, em fonte de ordem.

num inconsciente que será considerado um sistema aberto. Em relação à sexualidade, termo que nos ocupa neste momento, podemos pensar num mundo de diversidades, no qual os traços identificatórios vão formando conjuntos, *ensembles,* que permitem tantas combinações quantas singularidades existirem.

Uma fala que se tornou símbolo dessa teoria diz: "O bater das asas de uma borboleta no Brasil pode ocasionar um tornado no Texas" (Lorenz, 1972/1993). As figuras investidas libidinalmente, que circulam a curta ou longa distância dos sujeitos, podem produzir transformações inesperadas segundo a maneira como os traços identificatórios são incorporados, formando conjuntos absolutamente impensados nos sujeitos de destino.

A teoria das estruturas dissipativas tem como ponto de partida o não equilíbrio. Para Freud, haveria sempre um passado que daria sentido à história presente e ao sintoma. A questão estava em encontrar os determinantes inconscientes do passado que retornavam no recalcado. O papel do acaso abre-nos caminho para a neogênese. Elementos imprevisíveis na história criam novas configurações inconscientes. À psicanálise interessa trabalhar nas abordagens cruzadas entre acontecimento, inscrição do acontecimento, retorno do acontecimento e relato do acontecimento.

Psicanálise e teorias de gênero

O que seria necessário manter para permanecer no campo da psicanálise? Será que as teorias de gênero viriam a dar conta da totalidade de nossas questões no que se refere ao modo sexuado de estar no mundo?

A psicanálise corre o risco de se transformar em sociologia ou antropologia se não tomarmos os cuidados necessários para pensar o que é específico de seu campo.

As teorias de gênero, que nos proporcionam hoje valiosos elementos críticos para reconsiderar nossos postulados, têm seu alcance limitado a algumas questões: de Robert Stoller a Judith Butler, e desta a Paul B. Preciado, encontramos diferenças fundamentais. Desses aportes aos de Michel Foucault e às lutas feministas, temos um amplo leque de reflexões para rever a questão, sem a necessidade de aderir a nenhuma delas como verdade última.

O elemento central dessas teorias refere-se ao modo de produção do conhecimento, que está sempre imerso num meio histórico-cultural determinante na compreensão da própria produção científica. As teorias de gênero, em especial no que diz respeito à sexualidade, alertam e desqualificam a psicanálise em relação a certos postulados intrínsecos à elaboração teórica, porque os tomam por valores ideológicos da época em que foram produzidos, e não por verdadeiros postulados teóricos – o que não deixa de ser parcialmente verdadeiro, mas é insuficiente para invalidar essas construções, que devem ser revisitadas para uma melhor discriminação. É nessa nova espiral que podemos confirmar que certos elementos da construção teórica se mantêm como pilares indiscutíveis.

A partir da separação entre procriação e prazer, fenômeno socioeconômico decorrente da Revolução Industrial, a mulher ocupou um novo lugar como força de trabalho e se recolocou no espectro dos meios de produção. Em consequência dessa mudança, ela já não se destina a um único papel, o da reprodutora alheia ao prazer e ao gozo sexual, abrindo-se à mulher o acesso a uma nova subjetividade e permitindo-nos constatar o quanto certos lugares destinados ao feminino na teoria psicanalítica não eram intrínsecos à feminilidade, e sim aos valores da época.

No que se refere à teoria da sexuação, de Freud a Lacan, e de Melanie Klein a Winnicott, Laplanche ou Green, há uma diversidade de aportes que permitiram a cada um construir suas próprias abordagens, que diferem entre si, algumas por estarem impregnadas de elementos ideológicos variados, outras por retrabalharem, de forma nova, conceitos metapsicológicos da própria teoria. Mas todas elas se mantêm dentro da psicanálise ao priorizarem o deslocamento que sofrem o eu e a consciência em favor da enunciação do conceito de inconsciente.

O que é inegociável para manter nossa especificidade teórica é considerar o deslocamento, feito pela psicanálise, de uma concepção ptolomaica de um eu possuidor da verdade ao recentramento do inconsciente como espaço estrangeiro, que deixa o sujeito à mercê de um desconhecido de si. Outro elemento inegociável é o deslocamento que Freud (1905/1978) produz nos *Três ensaios sobre a teoria sexual*, ao demolir o preconceito de uma sexualidade pré-orientada instintualmente no homem, em benefício de uma pulsão que só encontraria seu objeto de maneira totalmente aleatória na história individual, objeto esse essencialmente vicariante e contingente (Laplanche, 1981/1987). Essa substituição tira o sujeito do campo da pura biologia e o constitui na sua própria diferença, fora do determinismo biológico, a partir da valorização da fantasia e da linguagem. Um terceiro deslocamento é o que ressitua a sexualidade infantil como trilha pela qual transita a formação da subjetividade.

Identifico epistemologicamente os conceitos com os quais trabalho – inconsciente, pulsão e sexualidade infantil – para manifestar minha ideia de que há pilares da teoria psicanalítica que podem mudar, mas há constituintes básicos que se mantêm vigentes. Mesmo pensando em diversas concepções metapsicológicas segundo as diversas escolas, impõem-se a radicalidade do inconsciente no campo do desejo e a forma como se transita pelo caminho da sexuação na inscrição da alteridade.

Qual é a questão? Penso que a adesão maciça às teorias de gênero nos posiciona numa psicanálise do eu, na qual tudo o que temos a dizer sobre sexualidade infantil, Édipo e perversidade polimorfa depende de elementos puramente conscientes, históricos e sociais, e não de modos inconscientes de elaborar as identificações, a proibição do incesto, o encontro com o adulto que seduz e implanta seu próprio desejo a partir de seu inconsciente. Corremos o risco de, ao tentar anular os efeitos deletérios que uma concepção hierárquica do fálico produz, apagar as marcas da diversidade sexual e dos processos identificatórios. Devemos considerar que o problema da diferença e da diversidade sexual ultrapassa os limites da pura interrogação sobre os papéis sociais e culturais da época e faz referência aos elementos inconscientes na formação da identificação sexual, como matriz da subjetividade, ainda que a identidade de gênero seja mais influenciada por elementos socioculturais da época. O lugar do desejo do outro assim como a implantação do objeto-fonte da pulsão dizem respeito ao inconsciente do adulto que se debruça diante da criança para lhe oferecer uma matriz pela qual circularão os caminhos de sua sexuação. Esses caminhos são definidos, em parte, pelas elaborações edípicas. No que se refere aos caminhos da identificação e do Édipo, sem dúvida há, no texto freudiano, desenvolvimentos que decorrem de valores axiológicos da época. Freud produz a teoria da primazia do falo numa época de surgimento do feminismo, quando estão em questão valores relacionados ao papel da mulher que se defende da valorização androgênica. Não podemos negar que também intervêm elementos da própria história de Freud.

Novas leituras nos obrigam a rever esses postulados e a reconsiderar os caminhos dos processos identificatórios, mas não necessariamente a anulá-los ou desconsiderá-los. Deleuze e Guattari (1972/1985), em *O anti-Édipo*, questionaram o caminho da sexualidade em Freud, ridicularizando a "imbecil dialética" binária dos sexos e formulando teorias de fluxos e devires. Nem por isso a psicanálise deixou de produzir teoria, tampouco de se perguntar sobre argumentos que essa filosofia oferecia, ao eliminar a lógica binária.

Podemos questionar a primazia do falo, formulada por Freud em 1923, já que essa concepção – como explicitei no artigo "A organização genital infantil" (Sigal de Rosenberg, 1997) – incorre em erros epistemológicos sérios, como o de analisar o sujeito a partir do masculino tomado como universal. É possível percorrer outros caminhos a partir do texto "Sobre transposições da pulsão, especialmente no erotismo anal", em que Freud (1917/1986b) desenvolve com precisão as equações simbólicas, sem atribuir um lugar de valor maior a nenhuma delas. Pênis, bebês, cocôs, presentes, dinheiro estão entrelaçados por um signo de igual, e nenhum deles é o referente último que se prioriza diante dos outros. Conceitos como inveja do pênis e supereu feminino e a atribuição do lugar de histérica à mulher não são as referências únicas para entender o caminho da sexuação, ainda que Freud se incline pela primazia do falo. Tanto o caminho para a masculinidade quanto o para a feminilidade apresentam novos paradoxos se não partimos da ideia única de primazia fálica, abrindo-nos à percepção da potência do feminino. Pensar na inveja do pênis como aquilo que se deseja ter pode estar marcado pela diferença, mas não necessariamente por ser mais ou melhor.

Há uma *diferença não oposicional*, como diz Derrida, e ela é cada vez menos pensada em relação a estruturas binárias. Estamos numa época de policromatismo, assim como de polimorfismo da sexualidade. O sistema binário, que oferece uma verdade positiva diante de uma não verdade na diferença, não é a modalidade instituída para pensar feminino-masculino, ativo-passivo, se pretendemos abrir espaço para analisar o campo da diversidade. Numa entrevista a Elisabeth Roudinesco, intitulada "Políticas da diferença", ao falar sobre o que há de universal na *différance,* Derrida diz que essa noção "não é uma distinção, uma essência ou uma oposição, mas um movimento de espaçamento, um 'devir-espaço' do tempo, um 'devir-tempo' de espaço, uma referência à alteridade, a uma heterogeneidade que não é primordialmente oposicional" (Derrida & Roudinesco, 2001/2004, p. 34). É uma relação com o outro, sem que seja necessário, para que ela exista, congelá-la ou fixá-la numa distinção de opostos. A *différance* é cunhada por Derrida (1967/1989) para dar conta da temporalização e do espaçamento, pois as oposições não podem ser pensadas num binário, visto que este não encerra o campo semântico da diferença, sendo possível pensá-la como relação apenas no movimento, no jogo.

Situar a inveja como uma constelação presente nas teorias sexuais infantis não justifica pôr, no destino da feminilidade adulta, a mulher como histérica. Entender que o terceiro aparece como rival, porque na estrutura se presentifica como aquilo que separa, não justifica certas deduções que valorizam o falo como o que todos desejam ter na vida adulta, nem como aquilo que, sendo portado pelo pai enquanto metáfora, tem a função salvadora de permitir à criança entrar na neurose. Também na época do Édipo os meninos querem ter um filho na barriga e colocam bonecas embaixo da camiseta, simulando uma barriga, em identificação com a mãe, e, se não fossem cortados pelos gritos que dizem "Menino não pode" ou "Desejar isso é coisa de mulher", muitos homens teriam mais espaço para elaborar uma sexualidade adulta mais livre e menos ameaçada pelo temor de ser o que não se deve. Talvez a crença de um homem machista se produza por formação reativa, como modo de esconder a fraqueza que poderia ser vista como feminina, valorizando-se assim o priapismo, o que põe o homem numa situação de permanente medo do fracasso se não cumprir sua função.

Pensemos que os fenômenos de atribuição de gênero acontecem antes dos 3 anos e têm a ver com a *identidade de gênero*, mais influenciada pelos elementos socioculturais de imitação e cópia. No entanto, Laplanche (1981/1987) é radical e diz que a atribuição de gênero também se faz a partir da mensagem enigmática do outro, sendo sempre marcada pela sexualidade inconsciente do adulto.

No modelo que se oferece à criança para imitação, Laplanche afirma que se transmite o que a cultura nos oferece como modelo, porém mediatizado pela forma como esses adultos interpretam o que é ser homem e ser mulher, ou seja, para o autor, a identidade de gênero também responde a elementos inconscientes e conscientes transmitidos pelo entorno como mensagens endereçadas à criança e que ela deverá decifrar.

Trata-se então de considerar que há processos estruturantes como o Édipo, mas que estão definidos pela singularidade do percurso subjetivo. Não existem lugares vazios, e sim encarnados nos processos identificatórios e de amor objetal. As teorias sexuais são válidas como fantasias imaginárias elaboradas pelo *infans* para dar conta de suas questões na relação com o outro, na qual a castração aparece como diferença – mas não necessariamente porque o falo tem um valor axiológico maior – e abre um espectro à diversidade. Não somente a diferença sexual, mas também a questão "De onde vêm os bebês?" são elementos importantes que propulsionam a elaboração das teorias sexuais infantis. Lembremos que nos *Três ensaios* Freud (1905/1978) fala da perversidade polimorfa, na qual o desejo caminha por trilhas diversas. Os caminhos do erótico não se diferenciam na dicotomia binária feminino-masculino; antes, descrevem uma situação na qual diversos órgãos são libidinizados sem apelar necessariamente à diferença sexual. Boca, ânus, pele, ouvido não se diferenciam entre feminino e masculino e, na perversidade polimorfa, todo órgão é passível de ser erotizado.

Melanie Klein e sua escola – na qual, a começar por ela, quem teoriza são majoritariamente mulheres – manifestam posições culturais em que o supervalorizado é o seio, ao deslocar para o Édipo propriamente dito a herança dessa relação de objeto primária, pela qual o pênis seria investido dos atributos decorrentes da resolução dessa fase primitiva. Essas teorias trabalham com a pré-história do edípico, o Édipo precoce, em que o significante fundamental é a mãe com seu objeto supridor – o peito – e se atribui ao Édipo um lugar absolutamente diferente, sem considerar a castração como elemento central, estando a inveja ligada ao seio. Há ainda outros elementos de alto interesse, como o fantasma infantil da figura combinada, na qual homem e mulher têm todos os atributos. Na teoria kleiniana, a castração aparece como reativa na mulher, por fracasso na conquista de sua feminilidade e em sua capacidade de ter bebês; admite-se a ideia de que a vagina é representável antes da puberdade, e o supereu, tanto o feminino quanto o masculino, é mais ligado aos elementos sadomasoquistas do sujeito no primeiro ano de vida. A despeito dessas contribuições, sem dúvida essa teoria tem outros problemas sérios, sobretudo por seu excessivo apoio no biológico, por meio do qual praticamente trabalha com o conceito de instinto, e não de pulsão.

Até aqui, vimos algumas questões gerais. Agora pretendo escolher um recorte: vou me referir às formas pelas quais o desejo inconsciente do outro opera na formação específica da sexuação e frisar o modo como a cultura e a identidade de gênero se oferecem enquanto padrões valorizados no âmbito social. Proponho então manter a diferença entre identidade de gênero e identidade sexual, ambas marcadas pelo discurso do adulto.

Identidade de gênero

Trabalhamos o conceito psicológico de identidade de gênero como modelo mimético da identificação primária tingido pela atribuição de gênero, na qual ainda não reconhecemos a existência da relação de objeto. Para a definição conceitual da identificação primária, recorremos ao *Vocabulário da psicanálise* (Laplanche & Pontalis, 1967/1991), que afirma ser um modelo de constituição do sujeito sobre o modelo do outro, que não é secundário a uma relação previamente estabelecida. *Trata-se de uma identificação direta e imediata, situada antes de toda catexia de objeto.* Essa forma de ver o processo de identidade, em que a sexualidade é só mais um dos traços, é retomada por vários autores e descrita de diversas maneiras.

Para Freud, o modelo básico é o da incorporação oral – forma mais primitiva de laço afetivo com um objeto, em que objeto e sujeito não se diferenciam. A imitação, diz Jean Florence (1994), "é um efeito secundário no nível do eu", que "se desenvolve no plano da representação pré-consciente do corpo, e é a via das aquisições do jogo mimético, das atitudes sociais, das adaptações perceptivas e motoras do 'eu corporal'" (p. 128). A identidade sempre será da ordem do eu, podendo ser parte dos aspectos inconscientes do eu ou do pré-consciente, mas não do inconsciente em sentido estrito, ainda que funde suas raízes no inconsciente. *A identidade é anterior a todo reconhecimento da diferença anatômica dos sexos.* Aqui a teoria do gênero tem uma determinação fundamental e opera segundo modelos oferecidos pelo cultural, modelos cambiantes no decorrer da história, do lugar do homem e da mulher. A identidade de gênero é anterior aos processos de identificação secundária decorrentes do Édipo, sendo em geral considerada numa perspectiva dual. Essa situação com o outro do espelho pode ser feminina ou masculina para cada sexo, mas é atributiva em função de padrões sociais. *Glitter* e cor-de-rosa para meninas; armas, espadas e azul para os meninos – atribuídos pela diferença de órgão – têm mais um valor ontológico de ser e existir que de verdadeira relação com o destino da sexualidade. Nesses casos, entram em jogo tanto a atribuição parental quanto a atribuição social. Determina-se pela aparência externa, que marca um lugar para o começo da construção da subjetividade na criança. Por isso, a lei alemã que deixa em branco a atribuição de gênero pode se apresentar como um elemento iatrogênico, que não oferece uma rede de sustentação para a construção do ser, ainda não sexuado.

A não ser em raríssimos casos de bissexualidade orgânica, nascemos com um sexo biológico, o qual não nos obriga a assumir a sexuação correspondente. Nesse caso, anatomia não é destino.

Identidade sexual: a identificação como processo de sexuação

Aqui se faz presente a matriz identificatória do outro, pela qual o indivíduo humano se constitui sujeito sexuado.

Entendemos a identificação como resultado de um processo inconsciente que marcará a sexuação. A criança se identifica com o objeto do desejo do outro, como resposta às demandas de amor registradas no campo imaginário. Caminho estritamente psicanalítico, que inclui o processo edípico e seus destinos, no qual as identificações secundárias decorrem da dissolução desse complexo, entendido segundo novos modelos, que compõem diversos traços identificatórios, tanto com o objeto de amor quanto com o objeto de identificação, em toda a complexidade que Freud descreve ao formular o Édipo ampliado. Devemos ter em conta que os processos narcísicos e identificatórios operam com traços do objeto ou do sujeito, possibilitando inúmeros modelos possíveis – tantos modelos quantas combinatórias o sujeito for capaz de fazer.

As distinções entre identidade e identificação, e suas correspondências com o eu e o inconsciente, não são tão puras assim, e as apresento aqui simplesmente para um primeiro modelo de compreensão – porque sabemos do enraizamento do eu no inconsciente, ou seja, dos aspectos inconscientes do eu, assim como não desconhecemos que o inconsciente se apropria de cenas pré-conscientes e conscientes para construir suas fantasias, incorporando elementos de gênero. Mas, para manter a radicalidade do inconsciente, é preciso retomar os conceitos de pulsão e de conflito como elementos vigentes e estruturantes da metapsicologia. Não é possível manter um dos termos, *sexo*, do lado da anatomia e o outro, *gênero*, do lado da psicologia/antropologia. O que proponho é trabalhar com o *ensemble* e não anular uma pela outra; trabalhar no entrecruzamento, na complexidade de ideias que encontramos na teoria psicanalítica do gênero incorporada à teoria estrutural-vivencial dos processos inconscientes.

Faz-se necessário retomar os escritos psicanalíticos, freudianos e pós-freudianos, para discriminar:

1. o que corresponde a elementos de ideologização da cultura, produtores de postulados que põem em questão formulações teóricas próprias da psicanálise;
2. o que faz parte de um inconsciente organizado pelos intercâmbios desejantes e seus diferentes sistemas – tendo em conta como opera a segunda tópica, como funcionam os enraizamentos do eu no inconsciente e como devem ser reconsiderados dentro de uma nova compreensão do Édipo, que propõe um esquema menos familiarista.

Isso revalorizaria como elementos mais interessantes da estrutura edípica a proibição do incesto, a interdição do gozo do corpo da criança pelo adulto, assim como a renúncia a um gozo absoluto, em vez de aceitar a primazia do falo como o elemento organizador do Édipo ou o complexo de castração – com seu aspecto de angústia de castração no menino e inveja do pênis na menina – como o elemento que propulsiona a entrada no complexo e as identificações secundárias em sua implosão. O falo pode integrar a teoria como um elemento a ser invejado pela diferença – deseja-se o que não se tem –, desde que também consideremos que, na diferença, o menino deseja ter atributos que a menina tem, não necessariamente pelo valor hierárquico, que responde a um elemento valorizado pela cultura.

Proponho assim que as teorias de gênero sofram um processo de antropofagia – ou seja, de metabolização – para serem incorporadas ao campo da psicanálise, e que trabalhemos com o conceito de diversidade, e não somente com o de diferença.

Metabolizar significa desconstruir e reconstruir produzindo um novo conhecimento. Esse processo é tão radical que nos leva a reconsiderar elementos centrais da teoria psicanalítica – como a primazia do falo e a inveja do pênis –, a serem reposicionados, tanto em seu conteúdo quanto no discurso, à luz dos aportes das teorias de gênero, sem um valor axiológico de supremacia hierárquica, e sim como elementos que introduzem diferença. Essa nova reconsideração dos elementos em jogo no Édipo não anula a necessidade de manter o complexo de Édipo como um elemento essencial de passagem na linha da sexuação e das identificações secundárias. Ainda que o complexo possa não ser o único elemento que define e o paradigma central da teoria da subjetivação, ele tem suas raízes fundamentais na introdução do terceiro e numa primeira escolha de objeto, que muda quando a significação sexual dos genitais dos pais entra em jogo.

Se não fazemos trabalhar a teoria psicanalítica à luz dos avanços científicos, filosóficos, sociais e culturais, somos os primeiros a dar às teorias cognitivistas e ao naturalismo biológico um espaço para questionar a psicanálise. Não se trata de uma defesa corporativista de nosso saber trabalhar com uma teoria que se reformula, mas – em acordo com Hornstein (1993) – de entender a neogênese como um elemento crucial, que aporta elementos histórico-vivenciais que nos permitem mudar nossa posição como sujeito no decorrer da vida. Uma escolha diferente não é sempre a aparição de uma identificação recalcada. Pode ser uma nova constelação criada a partir de novas vivências, tanto no registro das representações como no dos afetos. Devemos reconsiderar o valor das determinações infantis para não as transformar num fatalismo que interpreta monotonamente a repetição. Há permanente criação de subjetividade. Nem tudo ficou marcado pelo passado. Assumir uma nova escolha de objeto sexual nem sempre é "sair do armário". Às vezes, é criação de nova subjetividade.

Repensar a psicanálise é uma forma de fazer justiça ao texto freudiano.

Referências

Deleuze, G., & Guattari, F. (1985). *El anti-Edipo* (F. Monge, Trad.). Paidós. (Trabalho original publicado em 1972).

Derrida, J. (1989). *La escritura y la diferencia* (P. Peñalver, Trad.). Anthropos. (Trabalho original publicado em 1967).

Derrida, J., & Roudinesco, E. (2004). Políticas da diferença. In J. Derrida & E. Roudinesco, *De que amanhã... Diálogos* (A. Telles, Trad.; pp. 32-47). Zahar. (Trabalho original publicado em 2001).

Florence, J. (1994). As identificações. In G. Taillandier, M. Mannoni, M. David-Ménard, J. Florence, J. Kristeva, G. Michaud, J. Oury, J. Schotte, C. Stein & O. Mannoni, *As identificações: na teoria e na clínica psicanalítica* (A. Roitman, Trad.; pp. 115-146). Relume-Dumará.

Freud, S. (1978). Tres ensayos de teoría sexual. In S. Freud, *Obras completas* (J. L. Etcheverry, Trad.; Vol. 7, pp. 109-224). Amorrortu. (Trabalho original publicado em 1905).

Freud, S. (1986a). Proyecto de psicología. In S. Freud, *Obras completas* (J. L. Etcheverry, Trad.; Vol. 1, pp. 323-446). Amorrortu. (Trabalho original publicado em 1950[1895]).

Freud, S. (1986b). Sobre las trasposiciones de la pulsión, en particular del erotismo anal. In S. Freud, *Obras completas* (J. L.

Etcheverry, Trad.; Vol. 17, pp. 113-124). Amorrortu. (Trabalho original publicado em 1917).

Hornstein, L. (1993). *Práctica psicoanalítica e historia*. Paidós.

Laplanche, J. (1987). *Problemáticas 4: el inconsciente y el ello* (S. Bleichmar, Trad.). Amorrortu. (Trabalho original publicado em 1981).

Laplanche, J., & Pontalis, J.-B. (1991). *Vocabulário da psicanálise* (P. Tamen, Trad.). Martins Fontes. (Trabalho original publicado em 1967).

Lorenz, E. (1993). Predictability: does the flap of a butterfly's wings in Brazil set off a tornado in Texas? In E. Lorenz, *The essence of chaos* (pp. 181-184). University of Washington. (Trabalho original publicado em 1972).

Morin, E. (2005). *Introducción al pensamiento complejo* (M. Pakman, Trad.). Gedisa. (Trabalho original publicado em 1990).

Poincaré, H. (1995). *O valor da ciência* (H. F. Martins, Trad.). Contraponto. (Trabalho original publicado em 1905).

Prigogine, I. (2002). *As leis do caos*. Unesp.

Sigal de Rosenberg, A. M. (1997). A organização genital infantil. In S. L. Alonso & A. M. S. Leal (Orgs.), *Freud: um ciclo de leituras* (pp. 55-68). Escuta; Fapesp.

7. Notas sobre o sexual infantil[1]

Vamos falar sobre a sexualidade infantil.

---

1 Desejo frisar que, nestas notas, faço uma leitura dos conceitos na obra freudiana levando em conta que foram elaborados numa época que determinou historicamente sua produção, aí deixando suas marcas. Com o passar do tempo e o decorrer da história, muitos desses conceitos foram revisitados, fazendo-se necessário ressaltar que Freud produziu suas considerações tomando o menino como referente de sua construção. Críticas e deslocamentos foram feitos e, fundamentalmente, o conceito de inveja do pênis foi reconsiderado, entendendo-se que Freud, ao produzir a teoria, estava identificado com sua masculinidade, deixando brechas para que repensássemos suas formulações sobre a mulher. Mas, para se fazerem críticas, é necessário conhecer a formulação freudiana. Abordar a questão epistêmica exige esclarecer categorias lógicas, indagar os *a priori* lógicos que pressupõem a possibilidade de um saber, assim como é necessário refletir, segundo Foucault (1997), sobre os *a priori* históricos constitutivos pelos quais transita o discurso. É aqui que a dificuldade aparece. Freud assimila o genérico humano ao masculino, e, portanto, onde o genérico não é visto na sua totalidade, Freud produz um deslocamento a partir do qual se perde a riqueza da diversidade e se instala a diferença. A diferença em relação ao um, que representa a totalidade, implica um problema. Levando-se em conta essas considerações, limito-me neste texto a trabalhar os conceitos freudianos entendendo que é de fundamental importância conhecê-los para, a partir deles, fazer uma reflexão crítica.

É interessante lembrar que, desde o "Projeto para uma psicologia científica" (Freud, 1950[1895]/1986a) até o *Esboço de psicanálise* (Freud, 1940[1938]/1986m), Freud mantém a sexualidade infantil como aquilo que, fundamentalmente, se recalca.

Poderíamos dizer, contudo, que é bem mais categórico nos seus primeiros trabalhos, porque a primeira teoria pulsional que desenvolve estabelece uma dualidade entre as pulsões sexuais e as de autoconservação, possibilitando atribuir com maior facilidade ao sexual o caráter do recalcado.

No texto de 1938, deixa claro que, mesmo mudando a teoria pulsional – definida em 1920 como pulsões de vida e de morte –, nunca abandona a ideia de conflito psíquico. Embora pudéssemos pensar que, quando fala do conflito entre o eu e o supereu, este fosse um conflito de ordem geral, Freud reafirma no fim dessa obra que o recalcado está sempre ligado ao sexual. Por essa razão, abordar o sexual em psicanálise se faz necessário.

Vou examinar esse conceito a partir de duas perspectivas. Num primeiro momento, vou me referir ao lugar que ele ocupa na história da disciplina e ao papel que desempenha como divisor de águas em relação ao que consideramos analítico ou não analítico. Posteriormente, vou abordar a definição do conceito e seu lugar na metapsicologia, tanto na formação de sintomas quanto na estruturação do aparelho psíquico.

Lugar do conceito na história da disciplina

A ideia de inconsciente já tinha sido postulada por vários autores dentro da filosofia, e também tinha sido enunciada por Janet, Charcot e Breuer. Lembremos que esse último, ao trabalhar o caso de Anna O., descobriu a sexualidade como um elemento central nessa primeira cura. Mas, devido às complicações transferenciais e contratransferenciais que apareceram no tratamento, Breuer abandonou o caso e imediatamente ignorou e recalcou os componentes sexuais nele presentes.

Que característica nova Freud outorga ao inconsciente, a partir da qual se faz um corte epistemológico que funda o campo da psicanálise e inaugura um novo objeto formal abstrato de estudo? É justamente a característica sexual do material recalcado.

O que se deixa fora da consciência são desejos que pulsam por serem satisfeitos, que são condenados pelo próprio sujeito em função da censura instaurada por uma instância interna, o supereu, que será o representante dos valores morais e ideais da época, da sociedade, da família. Revela-se no homem, a partir da psicanálise, um dispositivo hedonista de busca de prazer, que lhe é proscrito por lei. É a introdução da lei o que possibilita a organização do sujeito como ser social. Essa lei primordial é a da proibição do incesto. No livro *O mal-estar na cultura*, do período final de sua obra, Freud (1930/1986j) reconhece a inevitabilidade estrutural de um mal-estar resultante de uma proibição necessária, fundamento de toda cultura.

Assim, Freud rompe com a axiologia da época, em seu aspecto moral, sexual e cultural. Vale a pena ler "A moral sexual 'cultural' e a doença nervosa moderna" (1908/1986c), em que Freud diz, entre tantas outras coisas, que, quanto mais severa e restritiva for a moral sexual de uma época, tanto maior será o sofrimento libidinal.

Não podemos deixar de reconhecer que nos primeiros trabalhos – escritos entre 1888 e 1892 – a concepção de Freud da sexualidade ainda está muito marcada pela biologia, ficando seu sentido restrito à genitalidade. Nesse momento, ele entende que os transtornos psíquicos são decorrentes da excitação sexual genital que não encontrou satisfação adequada, seja por *coitus interruptus*, seja por masturbação. Estamos por enquanto no campo das neuroses atuais, nas quais há uma transformação direta da excitação sexual em angústia. Freud realizará um grande corte epistemológico ao passar do conceito de neuroses atuais para o de psiconeuroses.

É na obra *Estudos sobre histeria* (Breuer & Freud, 1893-1895 /1985) que Freud faz o grande deslocamento na sua concepção etiológica. Entre a excitação sexual não satisfeita e a formação do sintoma, ele introduz a elaboração psíquica, ou seja, uma excitação se incorpora no circuito representativo e entra no domínio das fantasias. A excitação física passa a ter representante na psique, dando lugar ao conceito de pulsão. Aparece a ideia de elaboração psíquica como simbolização. Inaugura-se assim o campo da psicanálise.

O sintoma psíquico passa a ser entendido como a resultante transacional entre a pulsão e sua articulação no conflito, entre o desejo e a defesa.

Essa concepção faz Freud declarar que somos seres sexuados desde o nascimento até a morte e que é falsa a ideia da inocência infantil. As crianças são para a psicanálise perversamente polimorfas. Desse modo, rompe com um ideal da época, o da ingenuidade infantil.

A noção de inconsciente como zona de não saber, como o recalcado sexual, resultado da defesa do sujeito em relação a certos conteúdos sexuais, entra em confronto com a moral da época e faz com que muitos de seus interlocutores e discípulos se afastem.

Em 1910, começam essas dissidências.

A primeira foi a de Jung. A deserotização da libido, o tratamento dela como pura energia (e, quiçá, mais como energia cósmica de natureza única, com seus movimentos de introversão e extroversão), a ideia de um inconsciente coletivo, de uma entidade transpessoal – tudo isso espiritualiza a teoria e é inadmissível para Freud, que vem tentando, apesar das dificuldades, afirmar seu pensamento.

A ruptura com Adler não tem conotação muito diferente. Ele postula como conquista teórica tirar a ênfase da castração e do conceito de falicidade, e substituí-los pelo conceito de inferioridade e superioridade.

Mas por que estou mencionando essas questões?

Porque desejo marcar a importância fundamental do papel da sexualidade infantil ainda em nossos dias, em que algumas teorias – ao romperem com esse conceito – se afastam da psicanálise; outras, ainda dentro do campo psicanalítico, alteram o valor do conceito de sexualidade, apoiando-se mais na importância do objeto, da relação, das funções do eu, ou mesmo dando tanto valor ao Outro com seu desejo, ou pensando o inconsciente como o desejo do desejo do outro, que eclipsam a teoria pulsional, correndo o risco de transformá-la numa filosofia da ausência, em vez de trabalhar com a presença da pulsão sexual, sua fonte, seu alvo e seu caminho dificultoso na saga pelo prazer. Faz-se necessário retomar a teoria pulsional, recolocando o lugar do conflito.

Há alguns anos, André Green (1995) escreveu um artigo com o sarcástico título "Has sexuality anything to do with psychoanalysis?" [A sexualidade tem algo a ver com a psicanálise?], referindo-se a um progressivo afastamento dos conceitos-chave de sexualidade, Édipo e castração. Masotta[2] afirma:

> *Está fora da psicanálise aquele que não reconhece que, no campo da teoria psicanalítica, se trata fundamentalmente da sexualidade e que o conceito de sexualidade se define em relação ao sexo tal como ele aparece, conflitante, nas etapas mais primitivas, arcaicas da*

2 Em aula proferida na Faculdade de Psicologia de Buenos Aires, em dezembro de 1972.

criança, portanto referidas à articulação do complexo de Édipo.

Lugar do conceito na metapsicologia

Em psicanálise interessa-nos, por um lado, a relação da criança com a mãe, pela forma como esta marca o filho com seu desejo de natureza inconsciente, introduzindo nele a sexualidade; por outro, o modo como o pai, ou terceiro, intervém para que se opere a separação dessa relação, impondo a lei da proibição do incesto simultaneamente à mãe e à criança. À mãe enuncia: "Não reintegrarás teu produto", ou seja, teu filho não permanecerá como objeto parcial de tua satisfação, e ao filho diz: "Não dormirás com tua mãe", permitindo a esse pequeno ser entrar no mundo simbólico e subjetivar-se.

Como podem perceber, estamos no campo edípico.

Veremos, a partir de um exemplo clínico, como o psicanalista conceitua o sintoma e compreende a dimensão sexual nele contida – o que por certo à psicanálise não convém esquecer.

Com frequência, confunde-se o desejo de natureza inconsciente com a vontade, que é da ordem da consciência. Quando há sintoma, é do sexual recalcado que se trata. É preciso diferenciar psicanálise de psicologia.

"Minha mãe queria de mim um artista, e fui um matemático", dizia um paciente. "Hoje em dia, não consigo ser um profissional bem-sucedido. Não obedeci, e veja o que sou hoje."

Qual era seu sintoma?

Sigamos um pouco mais seu discurso: "Cada vez que devo fazer uma apresentação aos professores, ao escrever os caracteres matemáticos na lousa, começo a me encantar com as figuras e perco o raciocínio, me angustio e acabo me paralisando".

Qual é o fracasso? Ter produzido um desgosto na mãe como expectativa consciente? Não, isso opera como sintoma na medida em que se instaura um conflito, e o conflito é inconsciente.

A mãe sabia que queria dele um artista, mas não sabia por quê. O desejo materno estava engajado numa identificação decorrente de seu destino edípico, que era dar ao pai (o pai dela) o artista que seu irmão nunca foi. Investia no próprio filho o desejo de ter com o pai um filho de ambos, um filho artista – filho sem dúvida incestuoso.

E por que esse desejo materno faria um sintoma no filho? Porque sua escolha estava determinada por um conflito: satisfazer a mãe e manter-se no lugar de amado, narcisicamente investido por ela, ou salvar-se dessa mãe que lhe negava o próprio pai.

É na escolha profissional que encontra um lugar para o pai. Embora o pai nunca lhe tivesse pedido que estudasse matemática, ele vê na recusa à mãe sua aliança com o pai.

Mas qual é a determinação sexual desse sintoma? São as etapas mais arcaicas da sexualidade e as identificações o que se articula no campo edípico. Segundo o modo como elas se articulam é que se define a normalidade ou a patologia, constituindo tanto a subjetividade quanto as possibilidades de estruturação neurótica. Trata-se fundamentalmente de sexualidade.

Freud cria uma categoria psíquica para o sexual: o desejo, resultado da inscrição da pulsão no fantasma inconsciente. A pulsão inscreve-se no psiquismo pelos seus representantes. A organização destes em cenas que tendem à realização do desejo inconsciente constitui o fantasma.

Definição de sexualidade infantil

Começaremos ressaltando a necessidade de tirar desses dois termos sua significação mais corriqueira, para ressituá-los no campo da psicanálise. Trabalharemos primeiro com o conceito de sexualidade, e depois com o de infantil.

Uma das grandes descobertas freudianas foi ter percebido que o sexual não corresponde ao biológico. A partir do estudo das perversões e da descoberta da sexualidade infantil, Freud rompe a barreira que divide a sexualidade normal e a patológica e diminui a distância entre a sexualidade infantil e a adulta. Demonstra, desse modo, que a sexualidade é uma construção, que não existe necessariamente uma correspondência única entre a pulsão e o objeto do desejo que a satisfaz. Por natureza, a pulsão tende a buscar um objeto para sua satisfação, mas esse objeto é contingente. A pulsão não tem um objeto fixo. Não há um único objeto que satisfaça a pulsão. Dependerá da história do sujeito, da singularidade com que as identificações encontrarem seus destinos, do percurso pelo Édipo. A sexualidade humana se vê, nesse sentido, pervertida em relação ao instinto animal, já que sua função não está ligada só ao reprodutivo.

Marcaremos, então, três características que separam a sexualidade humana da animal:

1. O objeto de satisfação da pulsão não é um objeto fixo, soldado à pulsão como acontece no instinto.
2. Há uma perversão da função sexual no homem, pois ela não está ligada unicamente à reprodução. Existe um prazer de zonas que advêm erógenas e que não estão sobrepostas aos genitais.
3. Não há continuidade entre a instauração da função sexual e as condições biológicas de maturidade que permitem a reprodução. A sexualidade humana se dá, segundo Freud, em dois tempos.

Como dito antes, Freud cria uma nova categoria para o sexual, o desejo, resultante da inscrição da pulsão no fantasma, que é de natureza inconsciente. É desse modo que, nesse autor, o sexual não se confunde com o biológico, nem com o metafísico, nem tampouco com o romântico, e que falar de sexualidade não significa falar de genitalidade, de sexo, de gênero, nem de procriação.

Como do sujeito advém um sujeito sexual?

Contrariamente às teorias que falam de psiquismo fetal, minha posição é a de que o bebê ao nascer é puro corpo. Será a separação entre a necessidade e o desejo o que permitirá a esse corpo se constituir como sujeito.

Poderíamos dizer que, nesse primeiro estágio da vida do bebê, ele é um amontoado de estímulos, um corpo fragmentado, que ainda não se imaginariza como totalidade. Se há sujeito nesse momento, ele está na mãe que vê o bebê como tal, que lhe dá nome, que lhe atribui um projeto.

Partindo da conceituação da primeira teoria pulsional, ao nascer, o pequeno *infans* luta pela sobrevivência, as pulsões de autoconservação orientam sua conduta em relação às necessidades. Essas pulsões, poderíamos dizer, garantem nesse primeiríssimo momento a sobrevivência. Mas sobre elas se instala imediatamente uma função que se desliga da necessidade – o prazer –, onde a sexualidade tem sua fonte e nascedouro. *Desprende-se da necessidade um plus de prazer, que é justamente o sexual.* Sobre a função alimentar se desenvolve o prazer da função de órgão. A fome cessa, mas o prazer do chupeteio começa a se estruturar como uma experiência de satisfação que supera em muito a função alimentar. Essa experiência de satisfação faz um registro, uma marca no aparelho psíquico, que não tem por enquanto estatuto tópico. Não se pode ainda falar de inconsciente-consciente. Por ora, são inscrições que estão no limbo, esperando um destino, e que se organizarão a partir do recalque primário.

Haverá sempre uma tentativa de recuperar essa experiência de satisfação, que, no entanto, nunca mais será encontrada, porque uma vez inscrita se esvai, se perde. Entre o desejo que surge e a busca de sua satisfação, inaugura-se um movimento permanente e constante que assegura a própria vida. Sem esse elemento de prazer que impele a buscar, a criança sucumbiria a sua própria pulsão de morte, que num movimento entrópico a conduziria à inércia. Não me refiro só à inércia ou à morte física, mas fundamentalmente à morte na construção da subjetividade.

Veremos que, na psicanálise, tanto o inconsciente originário quanto o inconsciente propriamente dito têm conteúdos sexuais. Quanto ao inconsciente originário, há as fantasias originárias, que, transmitidas filogeneticamente, funcionarão como polo de atração para os futuros recalques. Quanto ao recalcado secundariamente, trata-se da sexualidade infantil conforme vivida nas fases de evolução da libido e articulada em torno do Édipo – ao que se produzirá uma nova compreensão e destino, por ressignificação.

Para Freud, a erogenização do corpo se fará a partir da dependência biológica que o pequeno *infans* tem do objeto primordial, a mãe.

Freud cria um verdadeiro conceito ao falar de apoio (*Anlehnung*). A atividade sexual apoia-se, primeiramente, nas funções destinadas a conservar a vida. O sujeito erogeniza as partes do corpo que têm uma função biológica: alimentação, excreção etc. Mais tarde, a sexualidade torna-se autônoma das funções de conservação da vida, e o prazer sexual passa a ser buscado independentemente da satisfação das necessidades.

Como vimos, existem partes do corpo que se constituem de maneira privilegiada como apoio à erotização. Vamos chamá-las de zonas erógenas. Elas coincidem na acepção mais concreta com o conceito de fonte da pulsão. São zonas que parecem ser o ponto de partida da excitação sexual, zonas revestidas de uma formação cutânea – mucosa – suscetível de excitabilidade. Freud ampliará depois esse conceito para toda a extensão cutânea, para os órgãos internos, chegando a dizer que toda atividade humana pode ser erógena.

É através dos orifícios que representam pontos de ruptura do invólucro corporal que o outro se introduz, aparecendo nesses pontos zonas de intercâmbio. Essas zonas que atraem as primeiras manipulações erógenas do adulto focalizam as fantasias parentais, mais especificamente as fantasias maternas, sendo o ponto pelo qual se introduz na criança o corpo estranho que é a excitação sexual.

A oralidade, a analidade e a falicidade (modalidade particular da fase genital infantil) são formas de organização parcial da libido, ou fonte das pulsões parciais. As pulsões parciais buscam satisfação de modo perverso-polimorfo, típico desse período da infância.

Essas formas de organização da libido são chamadas de pré-genitais e se mantêm ativas até seu enlace no Édipo, quando a sexualidade entra num período de latência. Posteriormente, na puberdade, as pulsões se reativam. Nesse momento, a maturidade biológica permite que as pulsões se organizem sob a primazia genital.

O que chamamos de infantil em psicanálise?

Essa organização por zonas que se satisfazem independentemente umas das outras (que respondem ao que chamamos de pulsões parciais, cuja caraterística é ser perverso-polimorfas), na qual o genital ainda não está instituído como organizador que subsome todas as pulsões a sua primazia – esse modo de organização permanece com as mesmas caraterísticas na vida adulta, ainda que não seja prevalente.

Na vida adulta, o prazer das zonas erógenas subsiste como prazer preliminar à satisfação genital. Se em vez disso o prazer de zonas for a finalidade mesma da sexualidade, poderemos estar diante de satisfações perversas, como Freud (1905/1978) as caracteriza nos *Três ensaios sobre a teoria sexual.* Falamos assim de dois tempos da sexualidade. O primeiro vai do nascimento até o Édipo, quando se estruturam as identificações e as relações de objeto. A esse momento segue-se uma fase de latência. Com a chegada da puberdade, sobrevém o segundo tempo da sexualidade, quando ela reemerge com força, balizada dessa vez pelas mudanças hormonais e biológicas que oferecem ao sujeito, a partir da genitalidade, uma nova abertura para compreender os fenômenos do desejo. O primeiro tempo é o das pulsões parciais,[3] tendo como pano de fundo a angústia de castração e a inveja do pênis, momento fundamental em que se definirão os destinos da dissolução do Édipo e, como resultado dessa implosão, se definirá o supereu como seu herdeiro. O segundo tempo instala a sexualidade adulta, na qual ainda estão presentes formas da organização infantil.

A sexualidade humana, à diferença da animal, é uma sexualidade bifásica. Em "Bate-se numa criança", Freud (1919/1986i) afirma: "O destino que compele o homem, provavelmente sozinho entre todos os animais, a iniciar duas vezes a sua vida sexual – primeiro, como todas as criaturas, na primeira infância, e depois, após uma longa interrupção, uma vez mais na puberdade" (p. 190).

Essa temporalidade própria da sexualidade humana é justamente o que permite a irrupção do trauma, e é o que determina que o traumático seja sempre sexual. Vejamos de que maneira.

---

3 Vale a pena recordar que as formas de satisfação pulsional são num primeiro momento autoeróticas e, posteriormente, narcísicas, mas que esses são modos do funcionamento sexual e de prazer, e não modos de relação com o mundo em geral.

Em relação ao trauma, Freud também aponta dois momentos para sua constituição. Há a primeira inscrição de uma cena, que, embora tenha caráter sexual para o adulto, não o tem para a criança. Esta suspeita de algo, para o que não consegue, entretanto, dar sentido pleno. Nesse primeiro momento, podemos falar de inscrição, mas ainda não está constituído o trauma. É só num segundo momento, com a entrada na puberdade, que aquela primeira inscrição se ressignificará, quer dizer, adquirirá uma nova significação, e se tornará traumática. A primeira cena, incompreendida, será agora relembrada por alguma situação fortuita, que oferecerá elementos de enlace e emprestará à primeira todo o peso do proibido. É nesse momento que a primeira cena se recalca e passa a fazer parte do inconsciente recalcado.

Por isso se fala do trauma em dois tempos: um primeiro tempo da fixação e um segundo tempo do trauma propriamente dito.

Fizemos notar a persistente amnésia sobre a primeira fase da sexualidade. Marcas, impressões, cenas atuam sobre o psiquismo, mas a criança ainda não consegue detectar o sentido último delas. Será preciso um segundo momento, no qual a maturidade biológica emprestará elementos para que essas marcas façam sentido e adquiram o caráter traumático que ainda não tinham na sua primeira inscrição.

É por *après-coup*, pela ressignificação, que essas marcas ganham um novo sentido, tornando-se traumáticas e sendo consequentemente recalcadas. As marcas sofrem reordenamentos, traduções contínuas, tingidas por determinações que marcam épocas sucessivas da vida, produzindo novas configurações.

No "Projeto para uma psicologia científica", Freud (1950[1895]/1986j) apresenta um caso interessante para entender a questão do sintoma e dos dois tempos do trauma, assim como para compreender o conceito de ressignificação. Utilizando o mesmo caso, teremos um exemplo dos dois momentos da sexualidade no ser humano.

Emma é uma paciente que sofre de um sintoma que a impede de entrar sozinha nas lojas e, se por acaso percebe estar sozinha, foge. Podemos reconhecer dois momentos na formação desse sintoma.

Aos 8 anos, Emma entra numa padaria, onde lhe acontece um fato fortuito: o padeiro toca-lhe as partes genitais através do vestido. Esse fato constitui uma marca na subjetividade de Emma, que fica, no entanto, impossibilitada de ligar-se a uma sequência de significações que lhe outorgue sentido. Emma não sabe bem o que aconteceu, mas assim mesmo volta no dia seguinte. Esse fato em si não é traumático. Topicamente, não será consciente nem verdadeiramente inconsciente. Está como que isolado da consciência, mas é acessível a ela. É ao mesmo tempo sexual e não sexual em termos de genitalidade. É sexual porque os genitais foram tocados, mas a criança só posteriormente lhe atribuirá esse sentido, quando a puberdade lhe der acesso a novos sentimentos. Sabe, porém, que essa conduta tem algo de estranho.

Aos 13 anos, entra numa loja e dois atendentes começam a rir por causa de seu vestido. Emma tem a impressão de sentir-se atraída sexualmente por um deles. Lembremos que já está na puberdade, e dispõe de novas representações e afetos quanto à excitação sexual dada biologicamente. Essa cena se enlaça de imediato com a primeira – do padeiro –, outorgando-lhe todo o seu valor sexual-genital, com toda a compreensão afetiva, produzindo um efeito traumático que faz com que ela seja recalcada em definitivo. A representação dissocia-se do afeto, ficando recalcada, enquanto o afeto, desligado da representação, tende a aderir-se a outras representações.

Entre a primeira e a segunda fase da sexualidade, interpõe-se a latência, que se caracteriza pela entrada do mundo pulsional numa fase de recesso, posterior ao auge da fase fálica – que culmina com a estruturação edípica e suas derivações – e anterior à explosão da sexualidade genital.

Apesar de não estar presente no relato de Freud, poderíamos supor a existência de elementos sexuais anteriores à cena do padeiro, que serão, contudo, reorganizados pela vivência edípica.

Não tratarei aqui da constituição do sintoma, visto que esse conceito vai se tornando mais complexo ao longo da obra freudiana, em especial quando da teorização da segunda tópica. Nesse momento, estamos nos primórdios da formulação teórica, e meu interesse é exemplificar, com esse relato, os dois momentos da sexualidade e sua relação com o recalque.

Retomando. A sexualidade infantil, que corresponde ao primeiro tempo da sexualidade, define-se pela fragmentação de zonas, pelo autoerotismo[4] e pelo apoio.

A essa sexualidade fragmentada nas sensações prazerosas que se originam nas diferentes zonas erógenas, autoerótica, uma vez que as pulsões que partem das zonas independentes umas das outras têm como único alvo a busca de prazer sexual, e que se desenvolve por apoio às funções de autoconservação, descrita originalmente por Freud (1905/1978) nos *Três ensaios sobre a teoria sexual*, ele introduzirá, no texto "A disposição à neurose obsessiva" (Freud, 1913/1986f), o conceito de organização pré-genital, entendendo por isso a unificação das pulsões em função da atividade sexual predominantemente emanada por uma das zonas.

Vamos fazer um rápido apanhado sobre essas fases da evolução psicossexual, para finalmente entrar na fase pré-genital, que será fundamental para a estruturação da vida psíquica e dos destinos da sexualidade adulta.

---

4 Lembremos que no autoerotismo o objeto é fantasiado e interiorizado, à diferença da sexualidade púbere e adulta, que se define pela eleição de um objeto real e externo.

No texto "Sobre as teorias sexuais infantis", Freud (1908/1986d) propõe três formas para abordar as organizações infantis:

1. a observação direta das exteriorizações e do pulsional das crianças;
2. as comunicações dos neuróticos adultos, referentes a suas lembranças conscientes da infância;
3. as inferências, construções e lembranças inconscientes trazidas à consciência pela análise com neuróticos.

A primeira organização sexual descrita por Freud é a anal, em 1913. Em 1915, num adendo aos *Três ensaios sobre a teoria sexual*, descreve a oral. E por fim, em 1923, num texto intitulado "A organização genital infantil", a fálica. A cada uma dessas fases corresponde tanto uma modalidade de funcionamento quanto um tipo de relação de objeto.

Essa descrição em fases ou estádios pode criar uma concepção evolucionista da sexualidade que deve ser evitada. Lembremos que Freud fala de primazia de uma zona, o que não significa, de forma alguma, que as outras deixem de existir. Cada fase inclui a anterior, integrando-a, porém mantendo-a diferenciada. Isso quer dizer que os intercâmbios orais estão impregnados de modalidades anais, mas a oralidade se mantém independente. Então, não falaremos de estádios que simplesmente se sucedem, mas de organizações que se incluem e sustentam uma permanente dialética de significações mútuas.[5]

5 Diversos autores têm enfatizado a importância de uma zona mais do que das outras. Abraham (1927/1970) tem importantes desenvolvimentos em relação à oralidade. Freud se interessou pela zona anal e desenvolveu numerosos trabalhos a respeito dela, como "Caráter e erotismo anal" (1908/1986b), "Notas sobre um caso de neurose obsessiva" (o Homem dos Ratos) (1909/1986e), "A disposição à neurose obsessiva" (1913/1986f), "Sobre transposições da pulsão, especialmente no erotismo anal" (1917/1986g) e "História de uma neurose

Meu interesse aqui é deter-me especialmente na fase fálica, por ser, a meu ver, um pilar e um pivô na construção da teoria da sexualidade.

Em 1908, no texto "Sobre as teorias sexuais infantis", Freud (1908/1986d) relata que uma das fantasias sexuais das crianças é a de que, para elas, tanto as meninas quanto os meninos têm pênis. Ao momento do desenvolvimento marcado por essa teoria sexual infantil, Freud dá o nome de fase fálica ou organização genital infantil. Essa denominação, no entanto, predispõe a certas confusões.

Falar de organização genital infantil é reconhecer a existência de um prazer decorrente dos órgãos genitais, mas eles ainda não são representados com as características que adquirem a partir da puberdade.

Que representação é própria do infantil em relação ao genital?

Para as crianças, só existe um genital, o masculino. Diria que não há sequer correspondência estrita com o genital anatômico, já que só o pênis é valorizado, deixando os testículos de fora.

A menina também organiza a sua sexualidade em função desse órgão. Ela se põe no lugar de quem não tem. Por essa razão, a sexualidade se divide, nesse momento, entre os que têm e os que não têm pênis, o que merece alguns esclarecimentos.

Isso não quer dizer que a menina não tenha sensações vaginais. O que Freud afirma é que a vagina não é representada como fonte

---

infantil" (o Homem dos Lobos) (1918/1986h), no capítulo intitulado "Erotismo anal e complexo de castração". Esses trabalhos são de interesse particular não apenas para o estudo das neuroses, mas fundamentalmente para o trabalho com crianças, pois aportam conhecimentos valiosos para compreender a conduta normal da infância em função das exigências pulsionais. Melanie Klein encaminhou suas pesquisas desenvolvendo mais a relação com o objeto e as diversas modalidades da angústia decorrente dessa relação. As zonas erógenas só dão o colorido ou a temática da construção fantasmática, já que a sexualidade não ocupa o mesmo lugar que na obra freudiana.

de prazer. As sensações que decorrem da zona genital são atribuídas ao clitóris, entendido como um pênis atrofiado ou que virá a crescer.

No meu texto "A organização genital infantil" (Sigal de Rosenberg, 1997), proponho entender a sexualidade como um entramado, formado por vários registros:

1. O sexual como órgão: refere-se ao biológico, incluindo seus aspectos cromossômicos e hormonais.
2. O sexual como função: alimentícia, evacuativa, reprodutiva, assim como função de descarga em relação à meta da pulsão.
3. O sexual como fantasma: forma pela qual se organizam as pulsões eróticas em representações, tornando-se desejos e ordenando-se em textos.
4. O sexual como gênero: refere-se à construção cultural e social do sexo como conjunto de significados contingentes atribuídos por cada sociedade.

Esses registros por vezes se sobrepõem, coincidem, se tornam independentes. Pensada assim, a sexualidade se delineia como uma construção decorrente da multideterminação dos registros, se constitui como uma rede, em que todos esses registros se enlaçam.

Introduzi essa explicitação porque queria esclarecer que as crianças, no decorrer da fase fálica, já têm uma representação de *homem e mulher* enquanto gênero, mas enquanto representação imaginária os opostos são *fálico ou castrado.*

Deslizamos do conceito de pênis para o de falo, entendendo por este a função simbólica do pênis.

Gostaria de frisar que, na sexualidade infantil, independentemente do gênero ou do órgão, o falo, na sua dimensão imaginária, pode ser uma possessão tanto feminina quanto masculina. A mãe vista como fálica ou o pai visto como castrado significam posições em relação a uma estrutura. O falo na sua dimensão simbólica circula. E tanto o homem quanto a mulher deverão aceitar a incompletude.

O falo surge, assim, como um organizador. Diante de tê-lo ou não na relação com os pais, organizam-se, no Édipo, as diferentes saídas para a conservação do narcisismo. Para o menino, a assunção da castração é o que determina a dissolução edípica. Para a menina, a inveja do pênis é o que determina sua entrada no Édipo.

Ter ou não ter falo significa ser ou não ser castrado.

A partir de 1923, Freud escreve uma série de artigos que serão decisivos na compreensão da sexualidade. "A dissolução do complexo de Édipo" (1924/1984b) e "Algumas consequências psíquicas da distinção anatômica entre os sexos" (1925/1984c) estão entre eles. Sua importância se deve à grande virada que impõem na obra, ao apresentarem o conceito de castração como um organizador simbólico, fazendo com que a partir dele se redimensione a história em função de novas articulações que as pulsões, desejos, representações e afetos adquirem em relação ao Édipo. Nessa época profícua, Freud também produz os trabalhos "Sobre a sexualidade feminina" (1931/1986k) e "Feminilidade" (1933[1932]/1986l), que terão grande destaque na teoria sobre a sexuação da mulher.

Desse modo, as organizações sexuais infantis perdem autonomia ao serem ressignificadas a partir do Édipo e da castração. Da história da sexualidade infantil e de seu desenlace no Édipo, teremos as escolhas objetais definitivas da puberdade.

Assim, a organização sexual infantil subsiste na vida adulta, seja como organização neurótica, seja como marca de uma história que nos determina. A infância é o tempo de fundação da sexualidade humana, e a origem da neurose deve ser procurada no inconsciente, que se define em relação a essa sexualidade infantil recalcada.

Referências

Abraham, K. (1970). *Teoria psicanalítica da libido* (C. M. Oiticica, Trad.). Imago. (Trabalho original publicado em 1927).

Breuer, J., & Freud, S. (1985). Estudios sobre la histeria. In S. Freud, *Obras completas* (J. L. Etcheverry, Trad.; Vol. 2). Amorrortu. (Trabalho original publicado em 1893-1895).

Foucault, M. (1997). *A arqueologia do saber*. Forense Universitária.

Freud, S. (1978). Tres ensayos de teoría sexual. In S. Freud, *Obras completas* (J. L. Etcheverry, Trad.; Vol. 7, pp. 109-224). Amorrortu. (Trabalho original publicado em 1905).

Freud, S. (1984a). La organización genital infantil (una interpolación en la teoría de la sexualidad). In S. Freud, *Obras completas* (J. L. Etcheverry, Trad.; Vol. 19, pp. 141-150). Amorrortu. (Trabalho original publicado em 1923).

Freud, S. (1984b). El sepultamiento del complejo de Edipo. In S. Freud, *Obras completas* (J. L. Etcheverry, Trad.; Vol. 19, pp. 177-188). Amorrortu. (Trabalho original publicado em 1924).

Freud, S. (1984c). Algunas consecuencias psíquicas de la diferencia anatómica entre los sexos. In S. Freud, *Obras completas* (J. L. Etcheverry, Trad.; Vol. 19, pp. 259-276). Amorrortu. (Trabalho original publicado em 1925).

Freud, S. (1986a). Proyecto de psicología. In S. Freud, *Obras completas* (J. L. Etcheverry, Trad.; Vol. 1, pp. 323-446). Amorrortu. (Trabalho original publicado em 1950[1895]).

Freud, S. (1986b). Carácter y erotismo anal. In S. Freud, *Obras completas* (J. L. Etcheverry, Trad., Vol. 9, pp. 149-158). Amorrortu. (Trabalho original publicado em 1908).

Freud, S. (1986c). La moral sexual "cultural" y la nerviosidad moderna. In S. Freud, *Obras completas* (J. L. Etcheverry, Trad.; Vol.

9, pp. 159-182). Amorrortu. (Trabalho original publicado em 1908).

Freud, S. (1986d). Sobre las teorías sexuales infantiles. In S. Freud, *Obras completas* (J. L. Etcheverry, Trad.; Vol. 9, pp. 183-202). Amorrortu. (Trabalho original publicado em 1908).

Freud, S. (1986e). A propósito de un caso de neurosis obsesiva. In S. Freud, *Obras completas* (J. L. Etcheverry, Trad.; Vol. 10, pp. 119-194). Amorrortu. (Trabalho original publicado em 1909).

Freud, S. (1986f). La predisposición a la neurosis obsesiva: contribución al problema de la elección de neurosis. In S. Freud, *Obras completas* (J. L. Etcheverry, Trad.; Vol. 12, pp. 329-346). Amorrortu. (Trabalho original publicado em 1913).

Freud, S. (1986g). Sobre las trasposiciones de la pulsión, en particular del erotismo anal. In S. Freud, *Obras completas* (J. L. Etcheverry, Trad.; Vol. 17, pp. 113-124). Amorrortu. (Trabalho original publicado em 1917).

Freud, S. (1986h). De la historia de una neurosis infantil. In S. Freud, *Obras completas* (J. L. Etcheverry, Trad.; Vol. 17, pp. 1-112). Amorrortu. (Trabalho original publicado em 1918).

Freud, S. (1986i). "Pegan a un niño": contribución al conocimiento de la génesis de las perversiones sexuales. In S. Freud, *Obras completas* (J. L. Etcheverry, Trad.; Vol. 17, pp. 173-200). Amorrortu. (Trabalho original publicado em 1919).

Freud, S. (1986j). El malestar en la cultura. In S. Freud, *Obras completas* (J. L. Etcheverry, Trad.; Vol. 21, pp. 57-140). Amorrortu. (Trabalho original publicado em 1930).

Freud, S. (1986k). Sobre la sexualidad femenina. In S. Freud, *Obras completas* (J. L. Etcheverry, Trad.; Vol. 21, pp. 223-244). Amorrortu. (Trabalho original publicado em 1931).

Freud, S. (1986l). La feminidad. In S. Freud, *Obras completas* (J. L. Etcheverry, Trad.; Vol. 22, pp. 104-125). Amorrortu. (Trabalho original publicado em 1933[1932]).

Freud, S. (1986m). Esquema del psicoanálisis. In S. Freud, *Obras completas* (J. L. Etcheverry, Trad.; Vol. 23, pp. 133-210). Amorrortu. (Trabalho original publicado em 1940[1938]).

Green, A. (1995). Has sexuality anything to do with psychoanalysis? *The International Journal of Psychoanalysis*, *76*, 871-883.

Sigal de Rosenberg, A. M. (1997). A organização genital infantil. In S. L. Alonso & A. M. S. Leal (Orgs.), *Freud: um ciclo de leituras* (pp. 55-68). Escuta; Fapesp.

8. Notas sobre o complexo de Édipo[1,2]

Que problemáticas nos propõe o complexo de Édipo?

Ele nos introduz às seguintes questões: o que se deseja, o que está proibido desejar, que ameaça existe em transgredir essa proibição, por que temos de nos defender e que elementos há para simbolizá-lo.

É difícil apresentar a noção de Édipo na obra freudiana. Não há um trabalho específico dedicado ao tema. Sendo um conceito fundamental, é necessário garimpá-lo ao longo da obra. Para tratar desse conceito, tomarei alguns escritos fundamentais, deixando

---

1 Aula proferida como professora convidada no Lugar de Vida, do Instituto de Psicologia da Universidade de São Paulo (USP), para o curso "Diagnóstico e inclusão escolar de crianças com distúrbios globais do desenvolvimento", em 1998. Agradeço a Flávio Veríssimo a revisão do português deste trabalho.

2 Estas notas se referem exclusivamente à forma como Freud percorreu suas ideias sobre o complexo de Édipo. Considero de fundamental importância conhecê-las e compreendê-las para podermos nos debruçar sobre as complicações epistemológicas em que ele incorreu. Hoje em dia vemos o quanto do "continente desconhecido" que a mulher representava para ele aparece em suas investigações. Freud faz uma generalização ao tomar o lugar do menino, com quem estava identificado, como parâmetro de seu pensamento, que aqui vamos acompanhar.

de lado muitos outros textos interessantes de Freud, que oferecem elementos de esclarecimento e belos exemplos, como o caso do pequeno Hans (1909/1986c), "Bate-se numa criança" (1919/1986h), "A cabeça da Medusa" (1940[1922]/1984e) e "Dostoiévski e o parricídio" (1928[1927]/1986i).

Não é possível entender esse conceito nos pós-freudianos sem esclarecer o percurso na obra de Freud, ponto de partida dos diversos caminhos que se apoiam em elementos enunciados por ele. Falar do complexo de Édipo não é dizer o que dele se pensa, mas é pensá-lo em sua articulação.

Com base nisso, poderemos compreender tanto a constituição da subjetividade quanto a formação das patologias. Partindo do estudo dos quadros clínicos, Freud trilha um caminho no qual começa a descobrir a sexualidade infantil e os desejos edípicos, e chega à conclusão de que a sexualidade infantil e o complexo de Édipo são invariantes universais, que se dão em todos os seres humanos.

A questão é como articular complexo de Édipo, sexualidade infantil e inconsciente. Quando o erótico ou as etapas de desenvolvimento circulam por um caminho e o edípico por outro, isso demonstra que o conceito nuclear não foi entendido.

Tentativa de articulação

As organizações pré-genitais da libido seguem um caminho que desemboca na primazia do falo como órgão em volta do qual se organiza o desejo. Nesse momento do desejo infantil, os pais se colocam como objeto prioritário de amor, numa relação intrincada de amor e identificação, que introduz o Édipo complexo. O conjunto das aspirações sexuais se dirige a uma única pessoa e nela quer alcançar sua meta. Esse desejo é interditado pela ameaça de castração, ameaça que se dirime entre a realização do desejo e o narcisismo. A lei que interdita o incesto põe o complexo de castração num lugar central. Não aceder nunca ao desejado e manter a proibição permitem a vigência da articulação do mito.

A partir dessa articulação, Freud dá conta da segunda tópica, uma vez que a implosão do complexo de Édipo terá como herdeiros o supereu e o ideal do eu. Aparece assim uma instância interna portadora da lei. A sexualidade infantil entra na latência para ressurgir com força na puberdade. A unificação das pulsões parciais se subordina ao primado do genital, última fase da organização sexual, que só no ser humano terá uma acometida em duas fases.

Essa forma de articulação também dará conta da formação dos sintomas.

Freud começa por investigar o papel da sexualidade, primeiramente como genitalidade, para compreender a etiologia das neuroses atuais, da neurastenia e da histeria. Quando passa a desenvolver o conceito de psiconeuroses, aprofunda o campo da sexualidade infantil. Nessa pesquisa, sai à luz, num primeiro momento, a importância dos pais reais e, posteriormente, dos fantasmáticos.

Dentro da própria obra freudiana, podemos encontrar diferentes momentos de formulação sobre a sexualidade e, em função dos aspectos que priorizemos, seguiremos ideias diversas na compreensão da obra. Um dos termos mais polêmicos se refere à sexualidade feminina.

Autores pós-freudianos como Laplanche e Lacan radicalizam no texto freudiano a função do outro-Outro na formação da subjetividade. Laplanche formula a ideia de que o enigma da sexualidade materna, ao marcar o corpo do *infans* por meio da sedução, é fundante da pulsão, operando como objeto-fonte. Lacan vê no desejo do outro o início da função desejante do *infans*. Este deseja ser o desejo do desejo da mãe, que na sua incompletude busca no filho a negação de sua castração. O *infans* só poderá desejar para si ser aquele objeto que a mãe deseja, o falo, tendo que passar por um longo processo, mediado pela castração, para aceder ao próprio desejo, o que lhe permitirá advir sujeito. Aqui a função paterna é mediadora do corte que impedirá à mãe reintegrar seu produto e ao filho ter a mãe como objeto de amor. Assim, nesses dois autores, ganha espaço a intersubjetividade no processo de formação do psiquismo. Outros autores, como Melanie Klein, buscaram a origem do sujeito em processos mais intrapsíquicos, endógenos, deslocando a ideia de complexo de Édipo para os primeiros meses de vida, outorgando à pulsão um caráter mais inato e com objeto fixo. Há aqui uma grande contradição, porque a característica central da pulsão é não ter objeto fixo, mas funcionar como uma *lamelle* que recobre o objeto. Ao soldar a pulsão ao objeto, estamos mais no campo do instinto.

Com diversas conceituações, o Édipo e a sexualidade infantil são a espinha dorsal da teoria. São a essência mesma do conceito de inconsciente, já que com eles se inaugura o conceito de inconsciente como segregação de um lugar de não saber. Não saber sobre determinados conteúdos: conteúdos sexuais. Masotta,[3] autor argentino, diz:

> *Está fora da psicanálise aquele que não reconhece que, no campo da teoria psicanalítica, se trata fundamentalmente da sexualidade e que o conceito de sexualidade se define em relação ao sexo tal como ele aparece, conflitante, nas etapas mais primitivas, arcaicas da criança, portanto referidas à articulação do complexo de Édipo.*

3 Em aula proferida na Faculdade de Psicologia de Buenos Aires, em dezembro de 1972.

É o que acontece com formulações como a apresentada a seguir, retirada de um *folder* em que o Grupo de Pesquisas em Filosofia e Práticas Clínicas da Pontifícia Universidade Católica de São Paulo (PUC-SP, 1998) convidava para um congresso sobre Winnicott:

> *As discussões atuais sobre o desenvolvimento da psicanálise têm apontado a obra de Winnicott como uma das mais importantes contribuições pós-freudianas. Winnicott é significativo não só por suas originais concepções sofre as fases mais primitivas do processo de amadurecimento humano, mas também porque, ao verificar que o modelo de Freud não se aplicava adequadamente à relação originária da criança com a mãe, ele reformulou os fundamentos da doutrina psicanalítica, colocando em questão o primado da função sexual na vida dos indivíduos e das sociedades. Em virtude disso, a sua obra passou a ser avaliada como um novo paradigma para a psicanálise, no interior do qual são reinterpretados os conceitos centrais da psicanálise tradicional (o complexo de Édipo, a depressão, a origem da moral etc.), permitindo, além disso, que sejam formulados e tratados novos problemas.*

Segundo algumas leituras da obra de Winnicott, o complexo de Édipo perde força total e se constrói uma psicanálise sem Édipo nem sexualidade, priorizando-se as relações mãe-bebê, o desenvolvimento, o meio ambiente (*environment*) e o amadurecimento para entender as formações patológicas e a subjetividade. Estariam essas leituras dentro da psicanálise ou fariam parte da psicologia do desenvolvimento? Formulações dessa ordem levaram André Green (1995) a se perguntar de modo irônico se a psicanálise ainda tem algo a ver com a sexualidade infantil. É necessário esclarecer que podemos encontrar outro Winnicott, que merece uma leitura totalmente psicanalítica. Assinalo essa problemática para enfatizar que é nesses conceitos cruciais de sexualidade infantil, complexo de Édipo e inconsciente que se joga o campo do psicanalítico.

Proponho aqui um pequeno percurso histórico para ver como o conceito de edípico ganha força no decorrer da obra freudiana, se amplia, abarca mais que a patologia para também dar conta da normalidade e vai sofrendo redefinições com o passar do tempo. É de capital importância reconhecer o que pertence a Freud e o que pertence a Lacan.

Podemos encontrar três momentos em referência ao Édipo na obra de Freud:

1. De 1897 a 1910: período no qual o que marca o Édipo é a natureza, uma inclinação.
2. De 1913 a 1923: período no qual detectamos uma passagem do natural ao cultural, que começa com *Totem e tabu* (Freud, 1913/1986f). Freud procura na pré-história a marca do traumático como real, continuando com sua flutuação entre fantasma e trauma. Precisa o conceito de identificação e desenvolve o complexo de Édipo ampliado.
3. De 1923 a 1939: período no qual o falo se institui como organizador e o complexo de castração liga-se às fases de evolução libidinal. Ambos serão os elementos primordiais para entender o processo edipiano. É a partir desse momento que se consolida a ideia de dois caminhos diferentes na estruturação do Édipo: feminino e masculino.

Vamos observar de maneira mais detida cada um desses períodos.

1897-1910

Em 1895, Freud escreve o "Projeto para uma psicologia científica" (1950[1895]/1986e) (caso Emma, primeiras explicações dos sintomas, sexualidade em dois tempos) e publica *Estudos sobre a histeria* (Breuer & Freud, 1895/1985), com os primeiros casos clínicos: Anna O. (Breuer), Emmy von N. (Freud), Elisabeth von R. (Freud). Enquanto isso, desenvolve sua correspondência com Fliess, que vai de 1893 a 1899. Iniciado o verão de 1897, começa sua autoanálise.

1897. Na carta de 31 de maio de 1897 (carta 64), faz referência a um sonho seu com Matilde, que será o prenúncio da carta 69, na qual abandona o trauma real de um adulto que seduz para localizar o trauma como fantasmático. Segue-se à carta de 31 de maio o Manuscrito N, no qual diz que impulsos hostis para com os pais e o desejo de que morram são elementos integrantes das neuroses. Segundo ele, os meninos parecem ter esses desejos para com os pais, e as meninas, para com as mães.

Na carta de 21 de setembro de 1897 (carta 69) diz: "Não acredito mais na minha neurótica" (Freud, 1994, p. 284).

Na carta de 15 de outubro de 1897 (carta 71), menciona o conceito de amor ao progenitor do sexo oposto como universal: "Um só pensamento de validade universal me foi dado. Também achei em mim o enamoramento da mãe e o ciúme do pai. Isso é um universal da infância precoce" (Freud, 1994, p. 293). Nesse texto, pela primeira vez associa tais sentimentos com a tragédia grega. Fala do poder cativador que tem a obra *Édipo rei*, de Sófocles, uma vez que a saga edípica captura uma compulsão. Na tragédia há um destino do qual não é possível escapar: Laio cruza o caminho de Édipo, que é vítima de uma circunstância na qual não tem escolha. Há repulsa pelo feito, autopunição, ódio contra si. Todos na fantasia somos Édipo e temos que lutar para desalojá-lo. Freud também associa esses sentimentos em relação aos pais com Hamlet, o qual, podendo vingar o pai, hesita. Nesse caso, aparece o elemento da culpa, que provém da dúvida de realizar seus impulsos recalcados. Poderia ter matado Cláudio para vingar-se do pai. No entanto, mesmo provocando várias mortes sem escrúpulos, evita vingar-se do homem que realizou um desejo que teria sido seu: tomar o lugar do pai para ficar com a mãe. No caso de Hamlet, há desejo e recalque do desejo, tanto que Freud chama Hamlet de histérico. Em Hamlet, vemos autorreprovação, culpa, escrúpulo de consciência.

Freud retomará esse estudo no trabalho dos sonhos. A diferença entre uma e outra história está na carta de 14 de novembro de 1897 (carta 75). Nela, anuncia que a sexualidade infantil é um fato normal e universal. Trabalha o tema da rivalidade, do ciúme, da hostilidade e do amor aos progenitores, mas ainda não elaborou o conceito de Édipo como complexo.

1900. Publica *A interpretação dos sonhos* (1900/1979). Numa seção intitulada "Sonhos sobre a morte de pessoas queridas", muito importante no que diz respeito ao avanço na formulação do conceito de complexo, Freud afirma que o sonho com a morte dos pais recai mais sobre o progenitor do mesmo sexo do sonhador. É como se o menino visse um competidor no pai, e a menina, na mãe – competidores no amor e cuja desaparição só ofereceria vantagens. Começa o preparo de *Totem e tabu*, porque observa que, nos tempos primordiais da sociedade humana, o despotismo do pai faz o filho situar-se como inimigo que deve sucedê-lo e faz a criança sentir a impaciência de tomar seu lugar. Os motivos do conflito entre mãe e filha surgem quando esta cresce e encontra na mãe o impedimento para sua liberdade sexual. O crescimento da filha anuncia à mãe que deve renunciar a sua sexualidade. Freud diz que um *impulso natural* provoca essas situações e aponta um conceito que depois desenvolverá com mais força, o amor pré-edípico de ambos os sexos pela mãe. Formula nesse texto a ideia de que os pais desempenham o papel principal na vida dos psiconeuróticos, de formas e intensidades diversas, patrimônio de quase todas as crianças. Nesse estudo, retoma em detalhe a tragédia grega e Hamlet.

1905. Publica *Três ensaios sobre a teoria sexual* (1905/1978a), em que se estende sobre a sexualidade infantil. Reforça a semelhança entre o patológico e o normal, e formula o conceito de fases de evolução da libido. Desenvolve a ideia de antecedente do Édipo na teoria do apoio, primeiro objeto da necessidade, seio, sobre o qual o instinto se apoia para depois se tornar autoerótico.

1908. Com o texto "Sobre as teorias sexuais infantis" (1908/1986b), complementa o estudo sobre a sexualidade infantil. Aparece a noção da existência de um único órgão. "Todos têm, alguns o têm dentro, ou virão a ter" (p. 192) prenuncia a linha da castração, mas essa ideia ainda não está ligada ao Édipo, não há relação da perda com a satisfação de um desejo proibido. Só há constatação. Será em "A organização genital infantil" (1923/1984g) que Freud definirá essa articulação na fase fálica, na qual a castração formulada como complexo terá duas vertentes: a inveja do falo na mulher e a angústia de castração no homem – determinantes do processo de entrada no Édipo na menina e da saída do Édipo no menino.

1910. Em "Sobre um tipo particular de escolha de objetos nos homens" (1910/1986e) aparece a formulação de complexo de Édipo em referência a homens que só escolhem prostitutas porque são procuradas por terceiros, isso por causa de fixações edípicas infantis.

Durante todo esse período, vemos que a relação com os progenitores é determinada por um *impulso natural*, e essa explicação é cada vez mais insatisfatória.

O que acontece no segundo momento?

1913-1923

1913. Em *Totem e tabu* (1913/1986f), Freud utiliza materiais antropológicos, etnológicos e culturais para reconstruir o surgimento do Édipo na humanidade. Como documento científico, essa obra tem sido muito criticada.

Ricoeur diz que Freud já tem uma teoria e procura aplicá-la à história. Lévi-Strauss concorda, mas acrescenta que Freud tenta, a partir do presente, encontrar a origem da proibição do incesto. Como não consegue explicar por que o incesto é conscientemente condenado, busca explicar por que ele é inconscientemente desejado. Lévi-Strauss afirma que Freud faz o estado social nascer de procedimentos que supõem o incesto. O assassinato do pai e o arrependimento dos filhos não devem ser vistos como fatos reais, mas como traduções simbólicas. Não se trata de uma arqueologia realista, mas da busca de uma ordem que reja as condutas do ser humano, uma lei universal que, violada, provoque culpa pelo parricídio. O desejo é regulado pela lei que marca a diferença entre natureza e cultura.

1914. Em "Introdução ao narcisismo" (1914/1984a), Freud desenvolve a ideia de que as tendências libidinais sucumbem ao recalque quando entram em conflito com ideais éticos e culturais. Ainda não está elaborado o conceito de supereu, que só tomará forma definitiva em *O eu e o isso* (1923/1984f).

1917. Nas conferências introdutórias de número 21 e 22, "O desenvolvimento da libido e as organizações sexuais" (1917/1978b) e "Algumas ideias sobre desenvolvimento e regressão: etiologia" (1917/1978c), Freud se aprofunda no desenvolvimento libidinal e nas organizações sexuais.

Em "Sobre transposições da pulsão, especialmente no erotismo anal" (1917/1986g), começa a trabalhar um conceito que será fundamental para sua formulação posterior de 1923: o conceito de equação simbólica. No inconsciente, pênis-criança-dinheiro--cocô têm uma equivalência. Ainda não formula a ideia de primazia do falo.

1920. Em *Além do princípio do prazer* (1920/1984c), teoriza sobre a pulsão de morte, conceito essencial para elaborar a compulsão à repetição, que marcará o Édipo.

1921. Em *Psicologia das massas e análise do eu* (1921/1984d), desenvolve o conceito de identificação – tratado já em "Luto e melancolia" (1917/1984b) como parte da patologia –, que se transforma num conceito próprio da forma do sujeito se constituir. Esse conceito também já tinha sido abordado em *Totem e tabu*, como incorporação oral do totem. Adquire aqui um estatuto plenamente metapsicológico, que se consolidará em 1923.

1923. Em *O eu e o isso* (1923/1984f) se estabelece a segunda tópica e se completa o jogo entre sexualidade infantil, identificação e complexo de Édipo. O aparelho psíquico, independentemente de sua qualidade descritiva de consciente, pré-consciente e inconsciente (primeira tópica), terá instâncias entre as quais se definirá o conflito e a formação da subjetividade. As noções de supereu e ideal do eu são o produto das identificações e dos jogos do edípico, uma vez que o supereu será o herdeiro do complexo de Édipo.

Como pano de fundo de toda essa conceituação está a sexualidade infantil, tendo destaque a fase fálica, dos 3 aos 5 anos, que finalizará com a implosão do complexo de Édipo e a instauração do supereu: "Como teu pai deverás ser, e seu lugar não poderás ocupar". Nesse texto de grande importância, Freud teoriza ainda o complexo de Édipo ampliado, num jogo entre identificação e relação de objeto. Já não se fala somente de complexo de Édipo direto ou invertido. Percebe-se que, em relação ao pai e à mãe, existem desejos e sentimentos ambivalentes e que ambos são objeto de amor e de identificação. Oferece-se assim a nós um quadro que, ao ser percorrido na singularidade da história de cada sujeito, nos permitirá abordar a complexidade das diversas estruturas subjetivas (Quadro 8.1).

Quadro 8.1 Complexo de Édipo ampliado

	Objeto de amor	Objeto de identificação
Menino	Mãe	Pai
	Pai	Mãe
Menina	Pai	Mãe
	Mãe	Pai

A partir dessa fantasmática, Freud afirma que em toda relação sexual temos pelo menos quatro participantes.

Pela primeira vez, ele propõe que o percurso edípico segue caminhos diversos no menino e na menina. E retoma a ideia de que se ocupara só do menino.

Os textos mencionados preparam a entrada no período final.

1923-1939

1923. "A organização genital infantil" (1923/1984g) é um texto que, a meu ver, marca uma virada fundamental na obra freudiana. A partir desse momento se reordenam os caminhos do Édipo feminino e masculino, embora Freud desenvolva aí essencialmente a constelação que se refere ao menino. Aparece a castração como complexo, que redundará em efeitos diferentes para meninos e meninas. Se até 1917 Freud formula a existência das equações simbólicas, nesse texto de 1923 toma um partido diferente. Fezes-bebê-dinheiro se equivalem, tendo em conta a primazia do falo. Para ambos os sexos, só desempenha papel fundamental um órgão: o masculino. Todos os seres vivos têm um genital, que se excita com a mesma facilidade. Esse órgão é investido de alto grau de interesse e propõe novas tarefas à pulsão de investigação. A pulsão epistemofílica tem origem na investigação sexual. Isso define a última formulação do Édipo. Para Freud, não há mais um primado genital, e sim um primado do falo. Esse deslocamento implica dizer que tanto o homem quanto a mulher ocupam uma posição em relação ao falo, e, no momento em que falamos de um órgão único que organiza o desejo, não mais falamos do órgão biológico, o pênis, mas do seu representante, o falo. O Édipo se liga ao fálico, segue as normas do desejo, e a proibição e a ameaça estão sempre centradas na castração do sujeito.

1924. Publica "A dissolução do complexo de Édipo" (1924/1984h). Já no texto de 1923 *O eu e o isso*, Freud dá uma ideia completa de qual é o destino do edípico ao desenvolver os conceitos de supereu e ideal do eu. Para abordar a temática do desenlace das escolhas objetais, que correspondem aos primeiros períodos da sexualidade, dirigida ao pai e à mãe, Freud retoma a disposição triangular do sujeito e recoloca a bissexualidade constitucional do indivíduo como tendo um papel fundamental. Na verdade, "A dissolução do complexo de Édipo" e "Algumas consequências psíquicas da distinção anatômica entre os sexos" completam o trabalho iniciado em *O eu e o isso*. No texto de 1924, Freud parafraseia Napoleão, dizendo "Anatomia é destino" (p. 185), para acentuar a ideia de que as exigências feministas não têm sentido: as diferenças morfológicas devem expressar-se em diversidade no desenvolvimento psíquico. Podemos questionar se diferença quer dizer desigualdade ou superioridade, se é válido dizer que o clitóris é um pênis menor, se isso é uma menos-valia, razão de inferioridade – e sobretudo se o modelo da sexualidade infantil vale para a sexualidade feminina adulta. Cabe perguntar se toda mulher é uma histérica que sempre vai em busca de ter um pênis, pela inveja que aparece na sexualidade infantil, e se a mulher tem outros modos de constituir seu feminino.

1925. "Algumas consequências psíquicas da distinção anatômica entre os sexos" (1925/1984i).

1931. "Sobre a sexualidade feminina" (1931/1986j).

1933. "A feminilidade" (1933[1932]/1986k).

Os últimos textos definem sua formulação final sobre o complexo de Édipo na mulher e seu caminho de sexuação.

Complexo de Édipo no menino: formulação final

Investidura de objeto para a mãe em época precoce, que tem sua âncora no peito e funciona segundo a ideia de objeto anaclítico. Objeto da necessidade do qual se desprende a função erógena. A função logo se descola do objeto e se transforma em autoerótica (chupeteio dos próprios lábios, erotização da boca).

Com o reforço das pulsões eróticas para com a mãe, que se acentuam na fase fálica, o menino encontra no pai um rival e um interditor desses desejos. Nasce o complexo de Édipo. A relação com o pai se torna hostil, e aparece o desejo de substituí-lo junto à mãe. O vínculo com o pai começa a se tornar ambivalente, e se constitui o complexo de Édipo simples positivo. O menino atribui a todos um único órgão excitado e rico em sensações. Nas suas investigações – como já dissemos, base do impulso epistemofílico (Freud, 1910/1986d) –, o menino se depara com os genitais femininos e desmente ou renega a falta do pênis. Finalmente chega à conclusão de que foi removido. A falta do pênis é entendida como castração, e aparece a angústia de sofrer desse fato. Freud dirá que só é possível apreciar verdadeiramente o sentido da castração levando em conta sua gênese na primazia do falo. A mulher será, a partir daqui, desprezível. Na verdade, devemos esclarecer que não é a mulher o desprezível, já que nesse momento não se trata de homens e mulheres, mas de fálicos e castrados. A visão do genital feminino faz o menino pensar que as mulheres foram castradas por terem as mesmas moções proibidas que ele sentiu. A mãe, enquanto fálica, conserva um lugar de privilégio, objeto de amor que abandonará só por angústia de castração e medo ao pai. A angústia de castração tira o menino do Édipo. O Édipo apresenta o conflito entre o interesse narcisista de conservar o pênis e a investidura libidinal nos objetos parentais. As investiduras objetais são renunciadas e substituídas pela identificação. O menino abandona a mãe, identifica-se com o pai e no futuro procurará outra mulher. O complexo de Édipo dá lugar ao recalque e é seguido pelo período de latência.

Complexo de Édipo na menina

Na menina, o complexo de Édipo segue um caminho mais complicado. Como Freud já anuncia no texto "A dissolução do complexo de Édipo", raramente a menina se satisfaz com substituir a mãe e ter uma atitude feminina para com o pai. A renúncia ao pênis não se concretiza nunca, e a menina fará um deslizamento desejando receber um filho do pai, filho esse que, por deslizamento na equação simbólica, substituirá o pênis. A menina desejará então ter um filho do pai. O complexo de Édipo será abandonado porque esse desejo não se cumpre, mas não é abandonado como no menino, pela presença da angústia de castração, que é cortante e desemboca num supereu forte. A menina entra no Édipo por causa da inveja do pênis. Quando descobre a mãe castrada, perde o interesse por ela e começa a desvalorizá-la. Ao mesmo tempo, não a perdoa por não ter lhe dado um pênis. A inveja dele põe na mulher um sentimento de inferioridade. Quando aceita essa inferioridade universal, descobre que não é só ela a castrada e começa a compartilhar com o homem o menosprezo pelo sexo mutilado, depreciando assim a mãe. Volta-se para o pai com o intuito de receber dele o pênis almejado. Ela o seduz com esse fim. Ambos os desejos, de receber um pênis e de receber um filho, permanecem no inconsciente e preparam na mulher o caminho para a sexualidade adulta. Na mulher, diz Freud, o ciúme é bastante reforçado pela inveja do pênis. A menina deve trocar de zona erógena e de objeto. Precisa abandonar a mãe como objeto de amor e passar para o pai. Ao mesmo tempo, como deseja o pênis, se identificará com ele. Terá então de realizar mais um passo: abandonar o pai como objeto de identificação e se voltar para a mãe, a fim de encontrar outro homem. Ao mesmo tempo, deve fazer um deslocamento de zona erógena, do clitóris para a vagina. Para ambos, menino e menina, a mãe foi o primeiro objeto de amor. O menino pode retê-la e deslocar seu amor para outra mulher. A menina tem de ir atrás de um novo objeto de amor, o pai. A identificação da mulher permite distinguir duas fases: uma ligação tenra com a mãe pré-edípica, e um segundo momento, depois do complexo de Édipo, em que a toma por rival.

O complexo de castração tem, assim, duas variantes:

1. no menino, angústia de castração;
2. na menina, inveja do pênis.

A sexualidade infantil se organiza a partir da primazia do falo, que nessa fase se resume a ter ou não ter. Por conseguinte, Freud dirá que não há representação da vagina nessa fase. A vagina está fora do descobrimento para ambos os sexos.

Os três caminhos que Freud apresenta como destino na mulher em relação à forma de resolver o Édipo são: inibição sexual e caminho às neuroses; complexo de masculinidade; e feminilidade normal.

Ausente a angústia de castração, falta o motivo principal para superar o complexo de Édipo. Segundo Freud, a menina permanece nele por tempo indefinido e, se o desmonta, o faz de modo incompleto.

Por essa razão, o supereu feminino não alcança a força necessária, seus interesses sociais são mais fracos, e tem menos aptidão sublimatória, menos interesses científicos, menos ética, menos moral. Não tem nada grave a perder.

Atributos da feminilidade: a vergonha é maior por ocultar seu defeito genital; quando se mostra livremente, segue o ideal narcisista do menino que ela gostaria de ter sido.

Esse processo será muito mais intrincado se considerarmos todas as variantes que aparecem no complexo de Édipo ampliado.

O Quadro 8.2 mostra um estudo comparativo entre os principais conceitos freudianos e kleinianos em relação ao complexo de Édipo.

Quadro 8.2 Principais conceitos freudianos e kleinianos em relação ao complexo de Édipo

Sigmund Freud	Melanie Klein
Primazia fálica.	Primazia oral-sádica.
Édipo entre o 3° e o 5° ano de vida.	Édipo entre o 1° e o 2° ano de vida (1928). Édipo entre o 3° e 6° mês de vida (1945). Começo da posição depressiva.
Início pela investigação da sexualidade, do nascimento dos bebês. Sexualidade acometida em dois tempos. Organização em torno da primazia do falo. Complexo de castração: Menina – início pela inveja do pênis. Menino – abandono pela angústia de castração.	Início em ambos os sexos pela frustração do desmame. Frustração diante do seio desloca os desejos para o pênis, em ambos os sexos. Por causa de seus impulsos, o bebê fantasia que os pais intercambiam gratificações uretrais, anais e genitais das quais ele está privado. Incrementam-se voracidade, inveja e ciúme.
A angústia de castração ressignificará o desmame.	O desmame dará o significado e será o modelo da angústia de castração.

O complexo de Édipo desenvolve-se na fase fálica. Só conta o órgão sexual masculino. Não se trata de desejos genitais, mas de fálicos ativos e passivos. Para ambos os sexos, há um genital, e o mundo se organiza entre os que têm e os que não têm.	As fantasias são genitais e se referem aos órgãos de ambos os sexos, cujo conhecimento é inconsciente.
Não existe representação da vagina até a puberdade. O clitóris representa um pênis em menos-valia para a menina e expressa seu desejo fálico.	Há nos dois sexos conhecimento inconsciente da vagina desde o começo. A boca funciona como modelo da vagina. Fantasia de vagina dentada no auge da fase oral-sádica.
Bissexualidade.	Figura combinada, produto das identificações projetivas e introjetivas. Mãe e pai unidos, sem discriminação do que pertence a cada um.
Temor principal: angústia de castração e inveja do pênis.	Temor principal: angústia de aniquilação.
O medo da perda do pênis impulsiona o menino a abandonar a mãe para preservar o pênis investido de alto valor narcísico.	O temor da perda dos objetos queridos como consequência do ódio e da agressão leva ao amor e ao desejo de reparar esses objetos em ambos os sexos.
O Édipo positivo ou invertido depende da bissexualidade, do lugar do objeto de amor e da identificação no Édipo ampliado.	O Édipo positivo e o negativo dependem da relação de objeto bom e mau no vínculo com cada um dos progenitores.
Na menina existe uma fase pré-edípica prolongada, na qual atua o apego exclusivo à mãe.	Na menina e no menino só se pode falar de fase pré-edípica enquanto não se fez a passagem do peito ao pênis, antes do terceiro mês.
Em ambos os sexos é a relação com o significante primordial (falo) que define os vínculos de identificação e amor.	A identificação dependerá do tipo de ansiedade e defesa característica de cada posição (esquizoparanoide ou depressiva), o que definirá o percurso e a possibilidade de reparação. A culpa depressiva promove a reparação e se transforma num elemento fundamental no recalque do Édipo.
Menina	
Na fase fálica, a menina acredita que a mãe tem o pênis e deseja recebê-lo dela como possessão. O clitóris representa para a menina um pênis em menos-valia e expressa seu desejo fálico.	A menina supõe a existência de um pênis na mãe, mas não é isso o que inveja. Conhece também o genital feminino, e sua preocupação está centrada em apoderar-se dos pênis e bebês bons que acredita que a mãe tem no interior.

Quando a menina descobre que a mãe não tem pênis, e ao perder a esperança de recebê-lo dela, afasta-se com desprezo e ressentimento. Assim, dirige-se ao pai para receber o pênis dele. A desilusão de não receber o pênis do pai impulsiona a menina a se identificar com a mãe e obter do pai os bebês, como equivalência fálica.	O ódio à mãe se dá em forma de inveja e ciúme, porque deseja ter as qualidades femininas, o seio e os bebês. Quer gratificar o pai e deseja ter essas qualidades para substituir a mãe. Seu conhecimento da vagina a impulsiona a querer receber o pênis e os bebês do pai.
A fertilidade pode fracassar por fixação na identificação com o pai como forma de ter o pênis. O sucesso da maternidade dependerá de fazer o deslocamento falo-filho.	A fertilidade fracassa por ver seu interior destruído por uma mãe vingativa, ser esvaziada no interior.
Percurso edípico mais complexo. Deslocamento de objeto, da mãe para o pai, e de zona, do clitóris para a vagina. Primeira posição homossexual.	A inveja do pênis na menina se dá apenas por fracasso de sua posição feminina. É só uma formação secundária. O desejo de ter um pênis próprio é secundário a seu desejo de receber um pênis.
Menino	
A ameaça de castração tem origem nos desejos libidinais fálicos para com a mãe.	A ameaça de castração decorre da manifestação dos impulsos agressivos para com a mãe e consequente retaliação. O menino passa por uma posição feminina. Na primazia oral é penetrado pelo seio materno. Deseja também receber o pênis do pai e ter bebês.
Castração: temor de que o pênis seja cortado. O agente castrador é o pai, na sua representação da lei e da proibição do incesto.	Castração: objetos internos destruídos. Castração: ataques ao interior do corpo. Perda do seio, das fezes e do pênis tem o mesmo valor. O agente principal da castração é a mãe. No menino a primeira fantasia de castração é o medo de esvaziamento interior, que na fase fálica adquirirá característica de medo pela perda do pênis. Deslocamento feito a partir dos ataques vorazes.
É a partir da castração que podem se ressignificar outras perdas, como desmame e fezes, elementos que se separam do corpo, como castração. Movimento temporal de *après-coup*.	O modelo do desmame e o triunfo da persecutoriedade na fase oral dão o tom da angústia de castração.

Relação libidinal com a mãe e identificação com o pai. Logo, este aparece como rival no desejo de substituí-lo junto à mãe. Ambivalência com o pai, que é ao mesmo tempo obstáculo ao amor materno e modelo a imitar. Complexo de Édipo ampliado. Pai: objeto de identificação e objeto de amor. Mãe: objeto de amor e objeto de identificação.	Desde o começo, amor e ódio à mãe como objeto parcial, como resultado da identificação projetiva e introjetiva. Amor e ódio ao pai. Complexo de Édipo ampliado desde o começo.
A mãe continua sendo o objeto catexizado nas fases pré-genitais. Não há mudança de objeto.	É ao pai e à mãe que se dirigem os ataques, o amor e o ódio.
A ameaça de castração é um fator determinante no declínio edípico.	A frustração com o seio faz o menino se dirigir ao pai, colocando-se em posição feminina. Deseja ter filhos e tem rivalidade e inveja com a mãe. À angústia de castração se soma a angústia de interior destruído. Situação persecutória interna. Fantasia de estar cheio de objetos ruins. Coito fantasiado como destrutivo. Essas pulsões sádicas misturadas com a identificação feminina determinam a relação posterior com a mulher. Se triunfa a relação com o seio e o pênis bom, enfrenta sua angústia de castração com mais recursos e estabelece a posição genital que lhe possibilita uma adequada sublimação.
Supereu	
O supereu se constitui ao declinar o Édipo, entre os 3 e os 5 anos, na fase fálica.	O supereu começa a se formar com a primazia oral desde o início em ambos os sexos.
O supereu se forma pela internalização da autoridade paterna. Substitui as cargas de objeto por identificações que mantêm o recalque e perpetuam a proibição do incesto, evitando o retorno às cargas libidinais, que são sublimadas em parte. A rigor não há recalque, e sim implosão do complexo de Édipo.	A base do supereu em ambos os sexos é o seio introjetado. A estruturação do supereu se completa com a introjeção do pênis e dos objetos totais parentais.
Começa o período de latência, que interrompe a evolução sexual. Função de auto-observação, consciência moral. É a base do ideal do eu.	As tendências edípicas feminina e masculina recalcam-se pela mesma razão: ansiedades persecutórias e sentimentos de culpa.
O supereu é herdeiro do complexo de Édipo.	O ideal do eu dependerá dos objetos bons introjetados num movimento de idealização.

Diferença entre o supereu feminino e o masculino. O feminino é mais débil em função da inoperância do complexo de castração. A mulher tem pouco a perder. Na mulher há dificuldade de superar o complexo, no qual permanece indefinidamente.	O supereu tem a mesma força em ambos os sexos, por não estar sua implosão sob o complexo de castração fálica. O menino deseja proteger e reparar o pai como imagem interna e externa.
Três destinos possíveis do declínio edípico na mulher: a separação da sexualidade, a conservação da esperança de ter um pênis ou o difícil caminho à feminilidade.	Menino e menina resolvem o Édipo quando diminuem as ansiedades persecutórias e introjetam tanto um pai quanto uma mãe com os quais mantêm uma relação ambivalente pelo resto da vida. Se o amor prevalece ao ódio, essas figuras serão reparadas e protegerão a partir do interior. A criança introjeta objetos em cada estádio de organização libidinal. O supereu sádico oral, violento e terrorífico do começo da vida se beneficia com o crescimento. As imagos são menos deformadas e se aproximam mais da realidade.

Referências

Breuer, J., & Freud, S. (1985). Estudios sobre la histeria. In S. Freud, *Obras completas* (J. L. Etcheverry, Trad.; Vol. 2). Amorrortu. (Trabalho original publicado em 1895).

Freud, S. (1978a). Tres ensayos de teoría sexual. In S. Freud, *Obras completas* (J. L. Etcheverry, Trad.; Vol. 7, pp. 109-224). Amorrortu. (Trabalho original publicado em 1905).

Freud, S. (1978b). 21ª conferencia. Desarrollo libidinal y organizaciones sexuales. In S. Freud, *Obras completas* (J. L. Etcheverry, Trad.; Vol. 15, pp. 292-308). Amorrortu. (Trabalho original publicado em 1917).

Freud, S. (1978c). 22ª conferencia. Algunas perspectivas sobre el desarrollo y la regresión: etiología. In S. Freud, *Obras completas*

(J. L. Etcheverry, Trad.; Vol. 15, pp. 309-325). Amorrortu. (Trabalho original publicado em 1917).

Freud, S. (1979). La interpretación de los sueños. In S. Freud, *Obras completas* (J. L. Etcheverry, Trad., Vols. 4-5). Amorrortu. (Trabalho original publicado em 1900).

Freud, S. (1984a). Introducción del narcisismo. In S. Freud, *Obras completas* (J. L. Etcheverry, Trad.; Vol. 14, pp. 65-98). Amorrortu. (Trabalho original publicado em 1914).

Freud, S. (1984b). Duelo y melancolía. In S. Freud, *Obras completas* (J. L. Etcheverry, Trad.; Vol. 14, pp. 235-256). Amorrortu. (Trabalho original publicado em 1917).

Freud, S. (1984c). Más allá del principio de placer. In S. Freud, *Obras completas* (J. L. Etcheverry, Trad.; Vol. 18, pp. 1-62). Amorrortu. (Trabalho original publicado em 1920).

Freud, S. (1984d). Psicología de las masas y análisis del yo. In S. Freud, *Obras completas* (J. L. Etcheverry, Trad.; Vol. 18, pp. 63-136). Amorrortu. (Trabalho original publicado em 1921).

Freud, S. (1984e). La cabeza de Medusa. In S. Freud, *Obras completas* (J. L. Etcheverry, Trad.; Vol. 18, pp. 270-271). Amorrortu. (Trabalho original publicado em 1940[1922]).

Freud, S. (1984f). El yo y el ello. In S. Freud, *Obras completas* (J. L. Etcheverry, Trad.; Vol. 19, pp. 1-66). Amorrortu. (Trabalho original publicado em 1923).

Freud, S. (1984g). La organización genital infantil (una interpolación en la teoría de la sexualidad). In S. Freud, *Obras completas* (J. L. Etcheverry, Trad.; Vol. 19, pp. 141-150). Amorrortu. (Trabalho original publicado em 1923).

Freud, S. (1984h). El sepultamiento del complejo de Edipo. In S. Freud, *Obras completas* (J. L. Etcheverry, Trad.; Vol. 19, pp. 177-188). Amorrortu. (Trabalho original publicado em 1924).

Freud, S. (1984i). Algunas consecuencias psíquicas de la diferencia anatómica entre los sexos. In S. Freud, *Obras completas* (J. L. Etcheverry, Trad.; Vol. 19, pp. 259-276). Amorrortu. (Trabalho original publicado em 1925).

Freud, S. (1986a). Proyecto de psicología. In S. Freud, *Obras completas* (J. L. Etcheverry, Trad.; Vol. 1, pp. 323-446). Amorrortu. (Trabalho original publicado em 1950[1895]).

Freud, S. (1986b). Sobre las teorías sexuales infantiles. In S. Freud, *Obras completas* (J. L. Etcheverry, Trad.; Vol. 9, pp. 183-202). Amorrortu. (Trabalho original publicado em 1908).

Freud, S. (1986c). Análisis de la fobia de un niño de cinco años. In S. Freud, *Obras completas* (J. L. Etcheverry, Trad.; Vol. 21, pp. 1-118). Amorrortu. (Trabalho original publicado em 1909).

Freud, S. (1986d). Un recuerdo infantil de Leonardo da Vinci. In S. Freud, *Obras completas* (J. L. Etcheverry, Trad.; Vol. 11, pp. 53-128). Amorrortu. (Trabalho original publicado em 1910).

Freud, S. (1986e). Sobre un tipo particular de elección de objeto en el hombre. In S. Freud, *Obras completas* (J. L. Etcheverry, Trad.; Vol. 11, pp. 155-168). Amorrortu. (Trabalho original publicado em 1910).

Freud, S. (1986f). Tótem y tabú. In S. Freud, *Obras completas* (J. L. Etcheverry, Trad.; Vol. 13, pp. 1-164). Amorrortu. (Trabalho original publicado em 1913).

Freud, S. (1986g). Sobre las trasposiciones de la pulsión, en particular del erotismo anal. In S. Freud, *Obras completas* (J. L. Etcheverry, Trad.; Vol. 17, pp. 113-124). Amorrortu. (Trabalho original publicado em 1917).

Freud, S. (1986h). "Pegan a un niño": contribución al conocimiento de la génesis de las perversiones sexuales. In S. Freud, *Obras completas* (J. L. Etcheverry, Trad.; Vol. 17, pp. 173-200). Amorrortu. (Trabalho original publicado em 1919).

Freud, S. (1986i). Dostoievski y el parricidio. In S. Freud, *Obras completas* (J. L. Etcheverry, Trad.; Vol. 21, pp. 171-194). Amorrortu. (Trabalho original publicado em 1928[1927]).

Freud, S. (1986j). Sobre la sexualidad femenina. In S. Freud, *Obras completas* (J. L. Etcheverry, Trad.; Vol. 21, pp. 223-244). Amorrortu. (Trabalho original publicado em 1931).

Freud, S. (1986k). La feminidad. In S. Freud, *Obras completas* (J. L. Etcheverry, Trad.; Vol. 22, pp. 104-125). Amorrortu. (Trabalho original publicado em 1933[1932]).

Freud, S. (1994). *Cartas a Wilhelm Fließ: 1887-1904* (J. L. Etcheverry, Trad.). Amorrortu.

Green, A. (1995). Has sexuality anything to do with psychoanalysis? *The International Journal of Psychoanalysis*, *76*, 871-883.

Pontifícia Universidade Católica de São Paulo, Grupo de Pesquisas em Filosofia e Práticas Clínicas (1998). *Folder – Congresso Winnicott*.

Outros títulos da Série Psicanálise Contemporânea

Adoecimentos psíquicos e estratégias de cura: matrizes e modelos em psicanálise, de Luís Claudio Figueiredo e Nelson Ernesto Coelho Junior

O brincar na clínica psicanalítica de crianças com autismo, de Talita Arruda Tavares

Budapeste, Viena e Wiesbaden: o percurso do pensamento clínico-teórico de Sándor Ferenczi, de Gustavo Dean-Gomes

Capturas do sofrimento: corpo, alimentação e ideais na clínica psicanalítica, de Maria Helena Fernandes

Chuva n'alma: a função vitalizadora do analista, de Fátima Flórido Cesar, Marina F. R. Ribeiro e Luís Claudio Figueiredo

A cientificidade da psicanálise: novos velhos horizontes, com organização de Vitor Carvalho e Marcelo Ferretti

Clínica da excitação: psicossomática e traumatismo, de Diana Tabacof

Corpo, sonho, palavra: ensaios psicanalíticos II, de Flávio Ferraz

Da excitação à pulsão, com organização de Cândida Sé Holovko e Eliana Rache

De Narciso a Sísifo: os sintomas compulsivos hoje, de Julio Verztman, Regina Herzog e Teresa Pinheiro

Depressão & doença nervosa moderna, 2. ed., de Maria Silvia Borghese

Desafios epistemológicos para a psicanálise: ensaios psicanalíticos III, de Flávio Ferraz

Do grito à palavra: um percurso ferencziano, 2. ed., de Teresa Pinheiro

Do pensamento clínico ao paradigma contemporâneo: diálogos, de André Green e Fernando Urribarri

Do povo do nevoeiro: psicanálise dos casos difíceis, de Fátima Flórido Cesar

Em carne viva: abuso sexual de crianças e adolescentes, de Susana Toporosi

Escola, espaço de subjetivação: de Freud a Morin, de Esméria Rovai e Alcimar Lima

Escola e subjetivação: diferentes perspectivas, de Esméria Rovai e Alcimar Lima

A eternidade da maçã: Freud e a ética, 3. ed., de Flávio Ferraz

Expressão e linguagem: aspectos da teoria freudiana, de Janaina Namba

Fernando Pessoa e Freud: diálogos inquietantes, de Nelson da Silva Junior

Figuras do extremo, de Marta Rezende Cardoso, Mônica Kother Macedo e Silvia AbuJamra Zornig

O grão de areia no centro da pérola: sobre neuroses atuais, de Paulo Ritter e Flávio Ferraz

Heranças invisíveis do abandono afetivo: um estudo psicanalítico sobre as dimensões da experiência traumática, de Daniel Schor

Histórias recobridoras: quando o vivido não se transforma em experiência, de Tatiana Inglez-Mazzarella

Identificação: imanência de um conceito, de Ignácio A. Paim Filho e Raquel Moreno Garcia

A indisponibilidade sexual da mulher como queixa conjugal: a psicanálise de casal, o sexual e o intersubjetivo, de Sonia Thorstensen

Interculturalidade e vínculos familiares, de Lisette Weissmann

Janelas da psicanálise: transmissão, clínica, paternidade, mitos, arte, de Fernando Rocha

O lugar do gênero na psicanálise: metapsicologia, identidade, novas formas de subjetivação, de Felippe Lattanzio

Os lugares da psicanálise na clínica e na cultura, de Wilson Franco

Luto e trauma: testemunhar a perda, sonhar a morte, de Luciano Bregalanti

Matrizes da elaboração psíquica no pensamento psicanalítico: entre Freud e Ferenczi, de Thiago da Silva Abrantes

Metapsicologia dos limites, de Camila Junqueira

Os muitos nomes de Silvana: contribuições clínico-políticas da psicanálise sobre mulheres negras, de Ana Paula Musatti-Braga

Nem sapo, nem princesa: terror e fascínio pelo feminino, de Cassandra Pereira França

Neurose e não neurose, 2. ed., de Marion Minerbo

Pensar o sujeito, agir no mundo: diálogos com a obra de Jurandir Freire Costa, com organização de Francisco Ortega, Gabriela Bastos Soares, Jairo Gama e Bethania Assy

A perlaboração da contratransferência: a alucinação do psicanalista como recurso das construções em análise, de Lizana Dallazen

Psicanálise de casal e família: uma introdução, com organização de Rosely Pennacchi e Sonia Thorstensen

Psicanálise e ciência: um debate necessário, de Paulo Beer

Uma psicanálise errante: andanças cinemáticas e reflexões psicanalíticas, de Miriam Chnaiderman

Psicopatologia psicanalítica e subjetividade contemporânea, de Mario Pablo Fuks

Psicossomática e teoria do corpo, de Christophe Dejours

Razão onírica, razão lúdica: perspectivas do brincar em Freud, Klein e Winnicott, de Marília Velano

Relações de objeto, de Decio Gurfinkel

Ressonâncias da clínica e da cultura: ensaios psicanalíticos, de Silvia Leonor Alonso

Sabina Spielrein: uma pioneira da psicanálise - Obras Completas, volume 1, 2. ed., com organização, textos e notas de Renata Udler Cromberg

Sabina Spielrein: uma pioneira da psicanálise - Obras Completas, volume 2, com organização, textos e notas de Renata Udler Cromberg

O ser sexual e seus outros: gênero, autorização e nomeação em Lacan, de Pedro Ambra

Tempo e ato na perversão: ensaios psicanalíticos I, 3. ed., de Flávio Ferraz

O tempo e os medos: a parábola das estátuas pensantes, de Maria Silvia de Mesquita Bolguese

Tempos de encontro: escrita, escuta, psicanálise, de Rubens M. Volich

Transferência e contratransferência, 2. ed., de Marion Minerbo

Trauma: metapsicologia e clínica de Sigmund Freud, de Thais Siqueira

GRÁFICA PAYM
Tel. [11] 4392-3344
paym@graficapaym.com.br